Ulrich Holbein

Zwischen Urknall und Herzberg

Ich als Hippie in Raum und Zeit

NACHTSCHATTEN SMART BOOKS

Impressum

Verlegt durch
Nachtschatten Verlag AG
Postfach 448
CH-4502 Solothurn
info@nachtschatten.ch
www.nachtschatten.ch

Titelgestaltung, Satz & Layout: trigger.ch, Berlin
Illustrationen: U. Holbein
Druck: WB-Druck, GmbH + Co, D-87669 Rieden
Printed in Germany
ISBN 3-907080-90-4

Inhalt

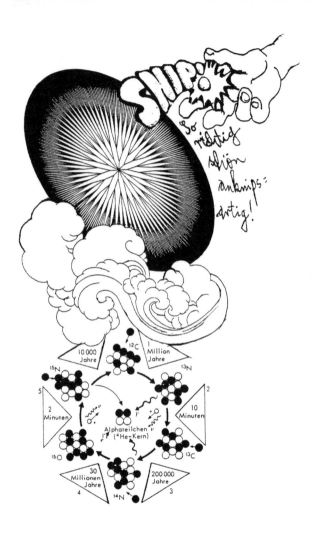

Mein Gedächtnis reicht weit zurück, manchmal sogar noch weiter. Andere erinnern sich an ihren ersten Wauwau und ihr erstes Tatütata, oder wie verhängnisvoll sie sich in ihrer Nabelschnur verheddert haben, ich hingegen würde es als beengend empfinden, wenn ich mich bloß an die Kleinigkeiten meines zufälligen Lebens ketten wollte. Und als egozentrisch. Also deklinierte ich im Lauf der Äonen mehrere Typen durch, x Inkarnationen. Immer wieder trat ich als Versager an. Oder als Spinner...oder als netter Onkel von nebenan. Oder als Fettsack, fast jedes Mal als Mitläufer...und relativ oft als Hippie. Das fiel mir auf. Oder auch mal als Skeptiker und Philosoph, der dann alle Wiedergeburtstheorien plausibel widerlegte. Meine Hippie-Karriere in Raum und Zeit, neulich oder wann, zerfiel in etliche Phasen, und in x nette Sekunden. Sobald ich hineingreif' in den Eimer meines Langzeitgedächtnisses, reihen sich Schlüsselmomente auf, schön chronologisch. Und lassen sich sogar durchnummerieren, anmeditieren, vordatieren, so akribisch wie provisorisch. Das alles verlief ungefähr so:

Nr. 1 – Fünklein im Big Bang:

Fingerschnick und Kick – WHAAUUUUNGHH!!! So richtig schön anknipsartig! Durch und durch ejakulativ! Wahnsinns-Flash! Mega-Meta-Orgasmus! Echt atombombig! Hinterher würde das mal Big Bang genannt werden, und vorher Little Bang. Uff, wie der sich raufpowerte! In bloß einer Ursekunde! Zum kosmischen Schwellkörper und Airbag, zu Galaxia persönlich! Horizontsprengend! Fast bewußtseinserweiternd! Nur...weit und breit: null Bewußtsein, null Nervensystem, also keinesfalls eine Spur von sowas wie...uns.

Doch mittendrin...da sprühte was...da flog was mit, im Feuerwerk, im Funkenflug...waren das vielleicht irgendwie sowas wie wir oder gar...ich? Nicht nur Dada war, bevor Dada da war, durchaus auch schon da, sondern sogar meine Wenigkeit war, genau wie Dada, da, bevor unsere Vorfahren in den Windeln zu liegen überhaupt anhuben. Bevor ich da war...

Nr. 2 – Feuerköpfe auf heißer Party:

Saftiges Leben ließ noch auf sich warten, mangels H_2O. Wir aber zuckten, zusammen mit Helio, Explo und Implo, auf galaktischen Tummelflächen rum, frei flottierend, fraktal unfrisiert, total zerwuschelt, im Flammenkleid, rundum alles voll ichloser Derwische, Quasiköpfe, knallrot im Kreis, hingeschleudert, elliptisch, Eiertanz, Veitstanz, vulkanische Aktivität...nur...wieso mußten da vorn die Planeten so traurig aussehn? Erkalteten und alterten die etwa!? Wieso denn jetzt schon? Nicht, daß sich da was etablierte! Wie die runterhingen! Ein Riesenvolk kalter Kotzbrocken! Geologisches Establishment, nein danke! Selbst jetzt schon alles voller Bürokraten, Betonköppe, Seelenkrüppel?!? Grau in Grau. Blind für Sternschnuppen. Unbeleuchtet von unseren schönsten Kometenschweifen. Unverhofftes Fazit: Spätere Hippies spielten als Gegenbewegung nur die zweite Geige, hier aber, im guten alten Archaikum, waren feurige Hippies zeitlich eher da als all die versteinerten Herzen!

Sternschnuppen und Betonköppe

Nr. 3 – wir als Nudeln in der Ursuppe:

Ein Stündchen vor Sonnenaufgang, Aggregatzustand kosmogonischen Labors, alles voll Biochemie, urmütterlich angerührt...nirgendwo ein Tellerrand in Sicht, auf dem ein A oder O stranden könnte. Oder auf den sich ein Scheinfüßchen hätte kleben können. Unser wabbelndes Nochnicht-Ich paddelte durch Nährlösung, diesseits aller Bagatelldelikte, Scheinprobleme, Gesetzeslücken, ohne finanzielle Absicherung, dafür in immergrüner Summertime – and the living was easy! He, was war das? Irgendwas schwebte über uns, über den Wassern. Die noch viel zu heiße Suppe bildete Wellen?!? Wir sahen als Schaumgeborene und Sauna-Hedonistinnen aus dem Whirlpool von Blubber-City und LIQUIDSOUND hervor. Ein pausbäckiger Sausewind flog da oben vorbei...und barsch von oben, unspendabel, nörgeltantig, machte eine Überstimme uns an, ein überregionales Über-Ich: „Bitte essen kommen! Die Suppe wird kalt!"

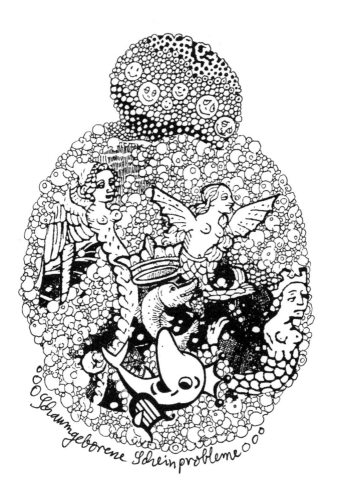

Schaumgeborene Scheinprobleme

Nr. 4 – wir als fleißige Lieschen und Wuselratten:

Schon wieder ewiger Mainstream! Humorlose Majorität, flächendeckend. Diesmal in Gestalt oller Schachtelhalmwälder, überall Nadelholzgestänge, wie einfallslos! Palmenstämme, wildverfilzt, behaart – Queng! krachte ein Strunkzapfen auf Knorpelpanzerechsen runter, wie bösartig! Und nebenan Hartschalennüsse, immer drauf auf die armen Dreihorndinos. Hier wie da total verkrustete Strukturen! Vierschrötig bis zum Gehtnichtmehr! Zeit wurde es, daß wir die grüne Einheitskluft mal ein bisserl aufmischten, einfach so, mit Farbtupfern und so, krachbunt, mit schön viel Interspezies-communication, mit netten Arrangements zwischen Blümli, Bienlein und Lüftchen! Hier, da und dort, knallvolle Pollenhöschen! Alle Doldenblütler überkrabbelt von schlotzenden, süffelnden, wimmelnden Wollschwebern! Eiapopeia aus Hummelfleiß, schön pazifistisch, Summelgebrummel, Schnurrdiburr und Sommerwind. Taubenschwänzchen! Schwebfliegen! Nach denen nirgendwo eine fleischfressende Pflanze den Finger ausstreckte! Duftschwaden...Lebenslust...Pusteblumen...Sonnenstäubchen...Und jeder Kaktus noch ganz ohne Stacheln! Und nirgendwo ein Blatt vorm Löwenmäulchen, und null Feigenblatt vor all den Griffeln, Knötchen und Lippchen, die ihre Farbköpfchen nach außen stülpen...so wonnig, so blütenzart...so schamfrei...kostenloser Kuschelsex allüberall, Frühgeburt allumfassender Zärtlichkeit, frühlingsgrün, immergrün, alles ein einziges vorauseilendes Fernziel, der erste Sommer of Love...First of May... schöner als FKK, ein Taoasis-Cocktail aus Flowerpower kompakt, Greenepeace pur und naturidentischem Paradieshauch...Pulpteile bitte aufschütteln! In

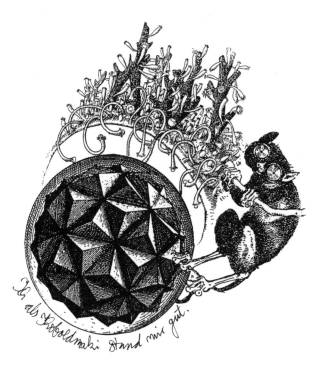

Ich als Koboldmaki stand mir gut.

sonnenfleckdurchspielten Blumenwiesen, ich als Windgeist,
ich als hochelastisches Säugetierchen, als Wiesel, als Halb-
äffchen, vom Katta bis zum Potto, ich als Schlanklori, tau-
melte und vögelte ich mich quer durch die Savanne und
stand mir ganz gut, beschwipst von vergorenem Affenbrot.
Doch auch hier kam uns sofort eine Drogen-Razzia in die
Quere, und ein engstirniger Paragraph quäkte mich voll:
„Du sollst nicht essen von der Banane der Erkenntnis."

Nr. 5 – ich als Gorilla:

Endlich ein höheres Säugetier! Relativ streßlos tingelten wir durch Tundra, schön unverschandelt, ständig on the Road. Hey, wer riß mir da schon wieder die Butterblume aus dem Mund? Auf der ich bisher so wunderbar meditativ kauen tat? Für diese Schimpansen da vorn waren wir halt nur Minderbemittelte. Das alte Lied von Meister Isegrimm und Reineke Fuchs. Vergebens blinzelten wir friedlich in die Sonne. Und umsonst machen wir „peace". Mit zwei Fingern. Dem hier und hier dem. Wir verteilten orale Thesenpapers über Völkerverständigung. Für die da waren das alles nur Gutturallaute: „BLAP SPLARK GUB GUP!"

Sie aber krähten hochgestochen in der Gegend rum, sinngemäß übersetzt:

„Wir nicht ruhn, GLOCK, GLLL, GAHOOP, bis die Welt wir haben befreit, GRRRR! Befreit von diesen Rindviechern! Diesen King Kongs! Diesen Kampfmaschinen!"

Dabei sahen die feinen Pinkel um nix gepflegter aus als wir, halt so wie Jimi Hendrix, alias: Struwwelpeter oder Rübezahl. Mindestens so! Wehe, wenn sie auf der nächsthöheren Evolutionsstufe erneut auf uns herabblicken würden, von noch weiter oben, diese umtriebigen, nervösen, zänkischen Schwächlinge! Diese aalglatten, wieselflinken Langnasen, Pimpfe und Klugscheißer! Hintertückisch verkopft! Angekränkelt von Gedanken an Faustkeiloptimierung und Minderheitendiffamierung. Die sich als Herrenmensch a la George Harrison aufspielten. Und uns als Outcast Ringo Starr behandelten. Und oft vergaßen, daß man in derselben Band spielen kann und -- trotzdem happy sein. Naja, es beruhte wohl auf Gegenseitigkeit.

Dieser Flugzeuhrer hielt sich für das Zentrum der Welt.

Nr. 6 – ich als Homo sapiens im Neandertal:

Alle klagten schon wieder über Albträume, sowohl meine Kinder wie meine Weiber. Ständig fühlten sie sich bedroht von zerzausten Männern. Ich beruhigte beide:

„Keine Angst, die sind harmlos. Die scheinen insgesamt relativ friedlich zu sein, diese gutmütigen Quasimodo-Trottel..."

Doch im Ältestenrat votierte ich vorsorglich für effektiveres Vorgehen:

„Diese Gorillas stehn halt überall im Weg rum. Schlimmer noch: Die liegen im Weg, in ewiger apathischer Siesta. Die knetschen Gänseblümchen, Vorsicht, nicht, daß das später mal zu Opiumhöhlen führt, zu China-Town und Central Park. Nur allein diese Muskelpakete, diese Fangzähne, wirklich sehr unschön. Und vor allem: potentiell bedrohlich. Zumindest ein Störfaktor. Und das durch Jahrhunderttausende! Auf geht's! Wir müssen was tun, Männer!" Und schon taten wir was. Auch wenn es wenig helfen würde, die Ungestalten zurückzudrängen. Denen Ausrottung wenig ausmachen würde. Das ahnten wir. Kaum würden wir den letzten Mohikaner fortgemobbt haben, aus Neandertal, würden sie trotzdem überall herumlaufen, wie eh und je, gutgebaut und ekelhaft gesund. Diese Nichtsnutze! Gorillas halt. Na, wir konnten wenigstens froh sein, diesmal nicht selber sowas zu sein.

Nr. 7 – ich als vorchristlicher Quasimodo:

Daß mich Israel - im Paß stand aber nur Isaak, hehe! Daß er ständig mich belehren mußte. Mich missionieren. Mich bombardieren. Meine Holzgötter dauernd als „Holzgötzen"

abtun! Dieser Taktierer! Dieser unangenehm intelligente Manipulator! Aber halt mein älterer Bruder. Alles so abstrakt, so kompliziert, so penetrant wie möglich:

„Tu dies! Laß jenes! Friß nicht soviel Linsensuppe, Esau!"

Ich aber saß lieber im fliegendurchsummten Schatten einer Terebinthe und flötete unverbindlich Schalmei. Schon damals, als Neandertaler, hab ich Achteltöne auseinanderhalten gekonnt!

„Nicht nur Rauchen gefährdet deine Gesundheit!"

Ich aber ließ die Dauerpredigt zur Ohrmuschel reinlaufen: „Das Berühren der Figuren mit den Pfoten ist verboten!" Und zur andern Ohrmuschel raus: „Du sollst deinen elften Finger nicht in fremde Löcher stecken!"

Alles nur amusische Polemik! Intellektueller Dünnschiß! Stuß!

„Sei nüchtern und wachsam! Wache, selbst wenn du schläfst!"

„Und du, misch du dich nicht dauernd in mein Privatleben, du Pfaffe! Egal, welchem Hobby ich fröne! Du verlängerter Arm Gottes!"

Nichts wie weg hier, raus aus diesem Beamtenstaat! Dieser Staatsreligion! Sonst führt das alles nur zu wachsender Wüste, Kulturwüste und Betonwüste, zu Flatland aus Einwohnermeldestelle und Behindertenparkplatz! Zurück zur Natur, und das sogar zu Fuß! Zurück ins früheste legendäre Love-and-Peace-Paradies! Wo aber auch schon der Wurm drinsaß, als Schlange. Nichts wie weg hier, hinauf in aufgeklärtere Zeiten! Und schon zuckte und zappelte ich auf fetzigen Open-Air-Festivals um goldblitzende Kälber. Doch auch hier stellte sich gleich ein Aufpasser auf, ein cholerischer Spielverderber, ein Gesundheitsminister mit Moralkeule. Und macht uns schlechtes Gewissen:

„Frönt nicht dem Bauchdienst! Geht in den Gottesdienst!"

Übermenschen stellten sich über Untertanen

Ich aber bat als Pressereferent der Lallenden um etwas mehr Toleranz:

„Laß mich nur als Derwisch tanzen, mit bloß 30 Gramm im Ganzen. Du der Profi, ich der Sufi, und das alles für'n Fuffi! Gebt mir 100 auf die Skala, daß ich komm' direkt zu... Allah!"

„Die Welt zerfällt in Yang und Yin...im Opium ist beides drin."

Ohne Hanfdampf kein Gequakel aus dem delphischen Orakel! Dem psychedelphischen Orakel!

„Na also!" sprach da Zarathustra. „Ohne Hasch wär's zappendusta!"

So ging das durch alle Generationen und Inkarnationen: Pausenlos erketzerten uns die lustfeindlichen Besserwisser und Monotheisten als „unzivilisiert"! Wir meuterten „Wieso sollen unsere Maulwurfsgänge unzivilisierter sein als eure Termitentürme? Und eure TOYOTAs avancierter als mein Kamel?! Kanzelt uns nicht länger als Barbaren ab, ihr Griechen! Und nicht als Heiden, ihr Christen! Und nicht als Neger, ihr Bleichgesichter! Und nicht als als kastenlose Schmuddelrabbis, ihr blonden Brahmanen! Und nicht als Proleten ohne Knete, ihr höheren Töchter! Und nicht als Gammler, Rocker, Punker und grüne Spinner, ihr Steuerzahler, Umweltverpester und Kriegshetzer! Und nicht als Turbanträger, ihr Krawattenträger!"

Also in summa: Unterdrücker stellten sich über Untermenschen. Conan, der Barbar -- immer ich! Tarzan – immer ich. Der ewige Neandertaler. Den man ständig in die Steinzeit zurückbombte. Aus der wir nie hervorguckten. Mal mit, mal ohne Kleeblatt im Mund. Oder Trinkhalm. Mal mit, mal ohne Coladose.

Nr. 8 – ich als Oberguru:

Oft mit Patriarchenbart, Rauschebart, also eigentlich Hippiebart, doch leider nicht immer locker vom Hocker. Sondern: Ich mutierte in geradezu regelmäßigem Turnus zu einer Art Mr. Unnatural, zum Sittenwächter. Kaum ließ ich meine Schutzbefohlenen minutenlang unbeaufsichtigt, tanzten die Mäuse auf der Tischplatte. Eva und Adam hatten, bevor sie mündig wurden, prähistorisches Rauschgift konsumiert. Kain tötete trotz ausdrücklichen Töteverbots. Mein eigener Bruder, des leider arg passenden Namens Esau, dachte hinter seiner fliehenden Stirn – o diese Augenwülste! – immer nur an animalisch frühreife Bedürfnisbefriedigung, harmlosestenfalls an Linsensuppe. Meine aufopfernden Versuche, den Zottelköpfen ein bisserl Gesittung schmackhaft zu machen, ein Minimum Kultur – alles umsonst. Kaum stieg ich als judikativer Pionier auf den Sinai, in einsamen Monolog mit Gott vertieft, warf ein vertausendfachter Esau alle bisherigen Errungenschaften rundweg über Bord, alle gutgemeinte Einkleidung, alle halbwegs mit Ach und Krach erlangte Menschenwürde. Mein Volk trieb Bauchdienst, fröhlich mit Flöten. Nichts gegen Bacchantentum auch im palästinensischen Kulturraum, nur sah die heilige Orgie von aussen arg nach Hardcore-Porno aus. Mit Weichzeichner und Braunfilter war das vielleicht noch zu retten, aber in reeller Naturwahrheit, mit all diesen verschossenen Mißgestalten, mit ihren Schwabbelbacken und kreisenden Becken, dieses Gestöhn, diese viehisch ragenden Zeugungsgurken, diese freigelegten Kauleisten und fortgedrehten Basedowaugen... nein danke. Ich funkte dazwischen, peng, da waren fast alle mit einem Schlag nüchtern.

Und schämten sich. Und bedeckten ihre Blöße. Und gingen diszipliniert zur Tagesordnung über. Manche muckten hinterrücks auf, nannten mich „Steineschmeißer". Ehe es in späteren Inkarnationen zum Rollentausch kam: Die Steine

wurden geworfen von alsdann lüsternen, politisierten Wirr-
köpfen und Demonstranten; ich aber, als uniformierte Exe-
kutive, griff dann eher zum Wasserwerfer.

„Sowohl religiös wie bautechnisch, Mr. Unnatural, Sie sind
Ihrer Zeit um Jahrhunderte voraus – wieso eigentlich?"

„Ich ihr voraus? Keineswegs! Die andern sind bloß nicht
mitgekommen..."

Inzwischen guckte ich aus dem zehnten Stock; der ewige
Esau blieb im Zelt, eingebettet in Aberglauben, auf Ani-
mismus-Niveau. Ich fuhr TOYOTA; Esau ritt Kamel. Ich
krönte im Sauseschritt meine musikalische Verfeinerung
durch raffitückische Notationssysteme, Stradivarigeigen und
Streichquartette; Esau schlug stur seine Buschtrommel.
Zwar wuchs mein Nimbus, ich aber wurde immer unbe-
liebter, immer elitärer. Meine Anhänger und Schüler ge-
nügten mir nicht. Mein Stimmvieh ödete mich an.

Nr. 9 – ich als Teilzeit-Narralesin Ute:

Oft mußte ich mein zeitweiliges Hippietum ziemlich run-
terdrehn, mangels Mitspracherecht in irgendwelchen mys-
tischen Seinsebenen a la Kamaloka, Devachan u.ä. Wir hatten uns die Beine in den Bauch zu stehn, Schlange zu stehn,
ein und auszugehn, regelmäßig, in allzu unintressanten Exis-
tenzen, in ständig denselben Dumpfnüssen, Kleinbäuerinnen
und Kleinkrämerinnen. In Fleischessern, Fuhrknechten und
Kindsköpfen namens Hunimund, Helmnot, Udo, Rolf, Ralf,
Dolf, Ulf. Und in Müttern, Kebsen und Vetteln namens
Ute, Hulda, Kunigunde, Elftraud, Bernharda, Wendelberta,
Christfrieda, Konrada, in summa: in einer verdrückten, von
Uhrzeit gepeitschten, schuftenden Überzahl, alles soge-

Niemals hörts probereckt in irgendwelchen Seinsebenen...

nannte Ottomenschen, Mitglieder der vom Prinzip OTTO geprägten Ordinär-Trivial-Tatsachen-Organisation. Die nichts hatten als ihr bisserl Feierabend, Volksfest, Hefebierchen, nur einmal im Jahr eine ungeile Orgie namens Karneval, und einmal im Leben eine Hochzeit. Statt deftigen Rundtanz um Goldene Fruchtbarkeitsstiere. Sehr gemäßigt. Institutionell limitiert, paragraphenumlauert, bloß eine Wochenendveranstaltung. Weitab vom Prinzip GOTTO: Grandios-Opulenz-Theologie-Transzendierende Orgasmen! Eine Durststrecke nach der anderen. Love Parade rund um die Dorflinde. Die später zur Siegessäule erigierte. Meine Zöpfe flogen, meine Wangen glühten. Dauernd hieß es: „Da mußt du jetzt durch."

Ich bildete das vielköpfige Unterfutter und Isoliermaterial, um zwischendurch punktuell, alle hundert Leben mal, so richtig über die Stränge zu schlagen. Und ein bisserl auszuflippen, als Ur-Hippie, als Schamane, als Sonnenanbeter und Adamit a la Amphilochius oder Aponius, Vorläufer späterer Profan-Nudisten, oder als Spielmann, Minne- und Bänkelsänger bzw. Minengänger a la Orpheus oder Troubadourix, oder als Wanderprediger, oder als Faßbewohner Diogenes – nicht daß ich directement Diogenes von Sinope gewesen wäre, das vielleicht nicht. Man konnte sich's ja oft nicht aussuchen. Unwahrscheinlich, daß, wer schonmal als Esau Trümpfe zog, auch später stets als VIP und Promi inkarnierte. Obwohl ich ein großes Los ganz gern mal gezogen hätte.

Love Parade unter der Dorflinde

Nr. 10 – ich als Fool on the Hill:

Als Schüler von Astrapsychos und Pazatras, aufgewachsen unweit von Pelusium, sah ich, wie immer, mehr oder minder, im weitesten Sinne – mir ziemlich ähnlich, sogar äußerst ähnlich, so von der Leptosomität und Identität her. Und profilierte mich, je inniger ich pro Neuzeit an meine damalige Inkarnation bzw. Zwischenabspeicherung zurückdachte,

desto unaufhaltsamer als verbindliches Modell aller nach-
folgenden Blümchensofties und Unschuldslämmchen, plus/
minus, von Jesus von Nazareth über den heiligen Franz bis
zu Novalis und Donovan, lauter Bergprediger, x Lilien auf
dem Felde, supersanfte, tragische Figuren.

Zeitgleich aber lief ich, in einer verblüffenden Simultan-
Inkarnation, als mein eigener Antipode herum, des Namens
Opella, Militärverwalter seines Zeichens, von stattlicher
Statur, gutaussehend, sehr männlich, hochpotent strotzend
von einer Überdosis Testosteron. Fremd standen wir uns
gegenüber. Ständig kam ich mir in die Quere, mit mir. Falls
dergleichen möglich gewesen wäre, von hinduistischen
Raus- und Reinkarnationslehren her gesehen. Ich, Opella,
hielt natürlich den Wanderprediger Isidor von Pelusium für
einen hergelaufenen Freak. Zumal ich, Isidor, tatsächlich so
aussah, dank ungebändigten Kinnflaums, tendenziösen Mit-
telscheitels, und zumal ich ständig was vor mich hinsummte
und nebenbei den Machtprotz Opella für einen Ausbund an
Willkürherrschaft hielt, für personifizierte Kaumuskulatur,
wandelndes Bindegewebe, Erdenkloß pur. O dieses Kinn!
Das ich, Opella, willensbetont vorschob:

„Deine Papiere bitte!"

Ich aber, Isidor, nuschelte nur demütig, hängenden Au-
genlids, und mit unterzuckertem Blick, so als stünde ich
drei Sekunden vor einem epileptischen Anhauch:

„Ich bin...äh...nicht von dieser Welt..."

Da war sogar was dran. Als Träumer, Ewiggestriger, Mär-
chenerzähler, als guter Mensch aus Absurdistan, als schrä-
ger Vogel, einsam und unverstanden, als ewig Berauschter,
stand ich mir, dem allzu pragmatischen Opella, schutzlos

gegenüber, nämlich vor Ort ganz ohne meinen später nach-
gelieferten, vorweggenommenen Heiligenschein. Dreh ihn
nur hoch, deinen Strahlenkranz, ich, Opella, seh ihn trotzdem nicht! Schweigend wandelte ich meines Wegs fürbaß,
schlicht und barfuß, eine Mensch gebliebene Gestalt...bis
zur nächsten Inkarnation.

Wo sich Machtmensch und Geistesheld sicherlich erneut
gegenüberstehn würden, konträr und inkompatibel, ich und
ich: hier Pontius Pilatus und Mao Zedong, dort Jesus und
Dalai Lama.

Zusatzproblem: Nicht nur butterte Macht Geist unter,
sondern es stand auch Geist gegen Geist.

Eines Tages wußte ich mich siebenmal luzider zu verbalisie-
ren, diffiziler, beredter, auch inhaltlich subtiler und tiefer als
sogar Zarathustra, Buddha und Jesus. Und sah trotzdem aus
deren Schlagschatten nie hervor. Die griffen meine beiläuf-
igen Verbaläusserungen zwar auf, imitierten und verplum-
pisierten mich. Je schlagfertiger und hinterfotziger ich for-
mulierte, desto weniger adäquat kam irgendwas rüber.
Dumpfe Evangelisten, z.B. namens Arnobius, Auguralius,
Areolius und Ambroselius, versuchten schwitzend mitzu-
stenographieren. Doch meine freihändigsten Feinheiten
blieben natürlich auf der Strecke. Bald stand mein unver-
gleichlicher Geist ohne doppelte Böden da. Durch die
Zeilen der erhaltenen Urtexte schimmerte...kaum was. Ach
ja...alles in den Wind gehustet. Ich aber, als Luftwesen und
Wassermann, liebte Windgeister mehr als allzu fleischfar-
bene Ohrmuscheln. Arme Nachwelt! Bedauernswerte Neu-
auflagen meiner selbst! Die sich alsbald begnügen mußten
mit den üblichen Wiederaufwärmungen, Heilsbringern,

26

Ich als Blümchensoftie, Unschuldslämmchen, Bergprediger

Sprüchemachern, bloss überdurchschnittlichen Unter- und Ober-Gurus, in Jesuslatschen, mit Schablonen-Mystomatikern, mit ambitionierten Glücksnullen, mit all den späteren Früh-Hippies a la Ikkyu Sojun, Bayezid al-Bistami, Franyois Villon, Oswald von Wolkenstein, Johann Christian Edelmann und Lew Tolstoi. Oder auch Rasputin. Die ich ebenfalls ab und zu haarklein durchzudeklinieren hatte, voll drinzustecken, durch und durch, immer schön der Reihe nach, bis ins letzte Härchen ihrer Frisuren hinein...nicht immer ein Leckerbissen.

Nr. 11 – ich im himmlischen Hofe:

Zwischendurch war ich auch mal so eine Art Genoveva, die im Wald mit einem Hirsch zusammenlebte. Sobald ich als Ordensschwester namens z.B. Perpetua von Magdeburg mich wiederfand, betete ich fromm zum lieben Herrn Jesulein, überschwebt von weißer Taube, umduftet von weißen Lilien, überwölbt einstmalen von ogivalen Torbögen in spätgotischen Quasimodo-Kathedralen, umfangen von Engelnacht, nämlich dem 29. September, dem Vorabend des Festes aller Engel, auf einmal wurde mir so wohl, daß ich alle meine Leiden vergaß, und ich ward angetörnt von Gesichten und Schaugeschehnissen, als stünden Himmelsgefilde offen, und sah die Engel klar auf- und abfahren in lichtem Gewande, really incredibly, und hörte insonderheit den allersüßesten Lobgesang, dem es je gefallen mochte, in meinem niedlichen Geist zu verweilen, im himmlischen Hofe vom fröhlichen Ingesinde, das klang so recht süße, daß der Herr mein armes Seelchen von großer Wollust zerfließen ließ. Ganz im Sinne Papst Gregors des Großen, dem Namensgeber der Gregorianik: „Wer von den Gläubigen möchte daran zweifeln, daß gerade in der Stunde des Opfers die Himmel sich öffnen und die Chöre der Engel zugegen sind? Oben und unten verbinden sich, Himmel und Erde, Sichtbares und Unsichtbares werden eins." Jahrhunderte später hätte man meinen herzminniglichen Augenaufschlag mit dem Wimperngeklimpere von Daisy Duck verglichen, und wie bei Waldraute oder Florinde von der Trauerweide Verdacht auf hebephrene Entwicklung, Anorexie, Anämie, Hypersensitivität diagnostiziert...ach ja.

Sobald ich aber, statt als gazellenflinke Braut Christi, als

Im himmlischen Hofe vom fröhlichen Ingesinde

frommer Ordensbruder inkarnierte, konzentrierte ich meine Contemplatio mehr auf Jungfrau Maria, auf die mild lächelnde Regina coelorum, alias: mythologische Galaxia, die aber ebenfalls einige vorauseilende Ähnlichkeiten aufwies mit einem gewissen kosmischen Girl, the Girl with the sun in her eyes, Lucy in the Sky, von aufbrechenden flowers umblüht, erschröckliche Steinfiguren, Steindämonen, Trichternasen, Ornamente, that grow so incredibly high, Frau Musica... dann aber zerfloß der Gesang der Engel, und übrig blieb nur das Gebrumm und Gebrabbel der Mönche, und die Heulbojen der Nonnen. Himmlische und irdische Musik sank ab zu geistlicher und weltlicher Musik. Orgelkompositionen dümpelten immer blässer, konfirmantenmässiger durch die getrübten Gotteshäuser.

Nr. 12 – Homo faber tausendfach:

Meist aber inkarnierte ich in separaten Linien. Auch das noch, schon wieder heiß ich Udo Normalverbraucher! Zum Ausgleich, bevorzugt in mancherlei Erznarren unterzuschlüpfen, mußte ich immer wieder einwandern, hundertprozentig, in Großstädter, die halt ihren Job machten. In Amtsinhaber. In Tatmenschen, Profanlinge, vernunftbegabte Kleriker. In Opellas, in Reformatoren. Mein Erfindergeist, von Dädalus bis Daniel Düsentrieb, beflügelte Millionen arbeitsfreudige Familien, Handwerkerzünfte, Manufakturen, Arbeitsverbände, Berufsgruppen, Belegschaften. Zehntausend Fortschrittchen auf fast allen Gebieten peitschte ich voran, von Generation zu Generation. Spätgotische Quasimodo-Dome, Ritterburgen, Staudämme, Moscheen schossen aus dem Boden wie Pilze...Psychonauten würden sagen:

wie Düngerlinge. Und wuchsen hinauf zu gekratzten Wolken, vom Babelturm zum World Trade Center. Und vermehrten sich bombastisch...Zivilisationskritiker würden sagen: schlimmer als Roger Rabbit in Australia. Kultur mutierte zu Hochkultur. Und Hochkultur - zugegeben - zu einer Hochleistungsmaschine, höchst ambitioniert, präzis stampfend, knatternd, alles knallvoll mit harten Tatsachen. Fakten, Fakten, Fakten! Bis hinauf in digitale Vergeistigung, neben der manch ein barfüßiger Erlöser, zwischen

Hahnenschrei und Last Supper, arg weltfremd rumstiefelte, verbohrt in hochdubiöse Wahnsysteme. Bestenfalls fielen all die Volksaufrüher im Nachthemd, Wiedertäufer und Flagellanten als Randverzierungen auf, als Unschuld vom Lande, mit Müh tolerierbar. Die - mit geringerem Wortschatz als später Konrad Adenauer - kaum was zu verkünden wußten, als unakute Kamellen wie: „Seid nett zueinander..."

Ich aber hatte wahrlich Vordringlicheres zu tun. Ich arbeitete an der Optimierung und Perfektionierung von mehr als sieben Weltwundern. Bevor dümmliche Bauern mit Mistgabeln auf feuerspeiende Lokomotiven losgingen, wie vorher Sankt Georg auf dampfende Drachen, machte sich ein spanischer Maschinenstürmer namens Don Quixote einen Namen. Wie später die Atomkraft-nein-danke Chaoten kämpfte dieser durchgeknallte, psychiatriereife Einzeltäter gegen den sanft umweltschonenden Energiegenerator damaliger Jahrhunderte, gegen die Windmühle. Gegen die hölzerne Vorhut einer Dampfmaschinengesellschaft, deren Siegeszug aufschwoll, so unstoppbar wie ein Urknall. Um überhaupt gegen Brokdorf und Startbahn West protestieren zu können, bedurfte es kernstrombetriebener Organisation, Medien, Busse, die die Demonstranten zur Demo brachten. Immerhin gab's jetzt mal eine Annäherung zwischen realistischer Position und Spinnertum: Als Isidor und Opella hatte ich mir unversöhnlich gegenübergestanden, aber als dicker Bauer Sancho hielt ich es durchaus ein längeres Weilchen mit meinem Gegenpol aus. Monatelang ritt ich freiwillig durch hitzeflirrende Pampa neben mir her, also neben dem Ritter von der traurigen Gestalt. Endlich versöhnt! Fast so versöhnt wie später dann Bleichgesicht

Narziß bzw. Tamino bzw. Old Shatterhand und Natur-
mensch Goldmund bzw. Papageno bzw. Winnetou. Was
ich als Sankt Ulphobertus „Coinzidentia oppositorum"
nannte – whaugh!! Ein welthistorisches Novum! Nicht ganz;
denn schon Jesus hatte sich zwar einerseits als arbeitsscheu
und Blumenfreund erwiesen (Lilien auf dem Felde!), also als
Hippie, andererseits sich als Moses militant aufgespielt,
jedenfalls den EDEKA-Moneymakern, Haribo-Händlern und
Opferstockentleerern gegenüber. So oder so, alles ziemlich
übertönt vom Drehmoment immer inhumanerer Windmühlen, sich dräuend herbeidrehender, aus dem Ruder lau-
fender Hochindustrie und Übertechnisierung, hybrider
Hightech. Und immer wieder soff ich als Ikarus ab, um aufs
nächstgrößere Format umzusteigen: Titanic, Sputnik, Düsen-
jet, Challenger, Concorde, Megajumbo, CargoLifter...save
our souls! Und schmuggelte ab und zu in die weiterschrei-
tende Entzauberung nette private Gipfelerlebnisse... perfekte Momente...Sternminuten...

Nr. 13 – ich als Morgenlandfahrer Anselmus:

Endlich mal wieder lautete meine heiligste Ordensregel,
nach fieser Durststrecke durch die Gobiwüste der Empirie:
„Laß die Moleküle rasen, was sie auch zusammenknobeln,
laß das Tüfteln, laß das Hobeln, heilig halte die Ekstasen."
Aber gern doch! Aber immer doch! Die oder keine! Nur
konnten wir als Romantiker keine Massenbewegung auslös-
en. Schade drum. Zwar trat kein Fassonschnitt keinem
Novalis zu nahe. Doch dessen Dschieses-Matte blieb Rand-
phänomen. So oder so: Bettenhausen, Kirchdithmold und
Bebelplatz klangen und dufteten einfach nicht so schön ex-

otisch wie Aserbeidschan... Belutschistan... Dschinnistan... Dschalalabad... Smyrna... Mahomet... Tulipomania... Persipan... Samadhi... Turangalila... Sarmakand... Sulawesi... Zipangu. Ich suchte den Aufgang der geistigen Sonne, die wahre Geburtsstätte der Menschheit, all ihrer tiefen Träume von Gott und Schönheit, die Jugend der Seele im Morgenland. Von Indien wußte ich nur, daß es dort Tempel und Pagoden gibt, und daß man dort entweder auf Elefanten oder Nagelbrettern sitzt, und daß man dort Seiltricks ausübt und Schlangen beschwört. Nur...wie kam man da hin, vorbei an Osmanen, Seldschuken und Mamelucken? Der endlose Hinweg zu den Brahmanen, Gymnosophisten und Buddhaisten, a long and winding Road. Drohte nicht bereits meine Anfahrt schon auf dem Hinweg steckenzubleiben? Zumal ein echter Morgenlandpilger die technischen Hilfsmittel banaler Pauschalreisen nicht verwenden durfte, weder Uhren noch Touristenbusse.

Als Studiosus Anselmus, als nette Memme, als der romantische Nachfahr des tumben Toren, von Parsifal bis Simplex, flankiert von Trockengesichtern aus Packpapier, wie immer unvermeidlich, von arg realitätsbezogenen, faden Opella-Typen a la Registrator Heerbrand und Konrektor Paulmann, setzte ich mich unter einen Baum. Im Schneidersitz, um nicht zu sagen: Lotossitz. Am Elbufer, genauer: unter einen Holunderbaum, also unter ein lebendig rauschendes Sammelbecken und Teach-In für Baumgeister...und schon erlebte ich unter diesem Erleuchtungsbaum eine förmlich buddhistische Einweihung, ziemlich stilecht, wie kurz zuvor der Naturist Jean-Jaques Rousseau, dem sein Traktat ebenfalls unter Chausseebäumen einfiel. Über mir flirrten, raun-

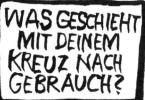

ten, zwispelten güldene Schlänglein im Raschelblattwerk, Serpentina, genau wie damals, als Prinz Gotamo im Yogasitz unter seinem Ficus religiosa saß, und Schlangenkönigin Mukalinda eine Frucht der Erleuchtung herunterreichte, die buddhistische Banane der Erkenntnis...und dies mitten in Dresden! Denn Hindukusch is everywhere! Ein tröstlicher Snapshot im industriellen Fortschritt. Dem ich weitere perfekte Augenblicke anfügen wollte. Relativ süchtig geworden, suchte ich zusätzliche spirituelle Lustbarkeiten. Mitten zwischen so heimatlichen Kuhdörfern wie Eggli, Zöpfli, Blättli, Wetzikon, Pfäffikon, Löchli, Gruezi und Bommeli, also dicht am Startloch, fand und suchte ich, lang bevor ich auf Ibiza ankam, und in Herat, Kabul, Goa und Auroville, meinen geomantischen Sommer of Love auf Schloß Bremgarten, bei Bern, hochgehoben von subkultureller Zauberwelle, als zünftiger Morgenlandfahrer, eingeschlossen im magischen Zirkel, mit Pfauenschrei, Feuerwerk, Rotwein und Backwerk, mit Ehrengast Don Quixote, oder auch dem Saxophonisten Pablo, der im Bremgarten persische Rohrflöte blies, nicht ohne Überraschungsgast Studiosus Anselmus, jawohl, dem aus E.T.A. Hoffmann, oder auch Kollofino, dem Rauchzauberer...also doch wohl einem präcox auftauchenden Jointdreher? Damals, als Hörmän Hesses Steppenwolf noch bei Taminos Zauberflöte in der ersten Reihe saß, noch lang nicht born to wild. Wobei sich schwitzerdütsche Ortsnamen wie Hüsli fast schon türkisch gebärdeten -- one World! Und Namen wie Kaubad fast schon so altpersisch wie Keikobad. Immer auf der Suche nach Dulcinea, Fatme, Tao, Shakti, Savitri und Swamini Kundalini.

Nr. 14 – apropos Tao:

China, 1774 n. Chr.: Auch dort fand, wie in Persien, wo die Hippies Sufis hießen, oder in Indien, wo die Derwische Sadhus hießen, ein unverkennbarer Summer of Love statt: Ich – ja, ich und nochmal ich –, diesmal wieder in der Opella-Position, also konfuzianisch eingebunden, Beamter auf Lebenszeit, trat der schnellwüchsigen Tao-Sekte der „wahrhaft Schwachen" natürlich nicht im mindesten bei, als Antialkoholiker, Nichtraucher und Fleischesser, sehr im Gegensatz zum ständigen Isidor. Die Sekte des Wang-lun gab sich harmlos und war es wohl auch weitgehend. Sie missionierten nicht, sie predigten kaum, sie verkündeten kein Dogma. Viele befreundeten sich mit Pflanzen, Tieren und Steinen, brachen keine Blumen um, ließen sich freiwillig von Schnaken stechen. Aber sie schädigten natürlich den Volkskörper. Nichts gegen freiwillige Armut und Vegetarismus, aber das ohnedies strukturschwache Land litt zeitweise doch sehr unter Abwanderung. Der punktuell starke Zulauf entzog der Landwirtschaft die Knechte. Der Staat erlitt erhebliche Steuereinbußen. Das Brutto-Sozial-Produkt sank untolerierbar. „Ein Zittern ging durch die Familien." Unpoetischer gesprochen: Den Leuten lief der Nachwuchs fort. Die Ablösung von bestürzten Eltern, das traditionelle „Weib, was habe ich mit dir zu schaffen!", grassierte flächendeckend, schier staatsgefährdend. She (we gave her most of our lives) is leaving (sacrificed most of our lives) home (we gave her everything money could buy), she's leaving home after living alone for so many years...bye, bye. Die Sekte absorbierte zudem kriminelle Energien und dubiöse Individuen. Überall wurden Bettler lästig. Überall taumelten

Überall taumeln komische Typen herum!

komische Typen herum. Die Wahrhaft Schwachen propa-
gierten Prostitution, untergruben also die staatliche Insti-
tution Ehe. Zudem zeigten sie sich nicht immer so gewalt-

frei wie in ihrer Golden Ära. Die Sekte mußte reglementiert, aufgelöst, am Schluß massiver bekämpft werden als in Persien der Baha'ismus, leider schier bürgerkriegsähnlich. Man hatte nicht Geduld genug, einfach nur abzuwarten, bis die Äpfel von selbst zum Stamm zurückrollten.

Nr. 15 – ich als Kohlrabi-Apostel:

Bald durfte ich wieder so richtig aufdrehn, als Mondkalb in Jesuslatschen, mit nackten Waden und Stirnband, gehüllt in grobes Sackleinen, alias härene Gewandung. Barfuß tigerte ich durch den Asphaltdschungel der Überzivilistation, zwischen knurrenden Automobilen. Für diese Spießbürger da vorn, alias Philister, waren wir halt nur Freaks, Grönländer, Steppenwölfe, zuspätromantisch, anachronistisch. Und vice versa. Wir Sonnenbrüder und Morgenlandfahrerinnen sahen ebendiese Spießer bloß als „Stotterseelen"...wie Volkwart Gusto Gräser all die „Staatspuppen" nannte, als „Haber" und „Rechtbehälter". Ständig wurde ich überprüft, angezeigt, festgenommen, entmündigt, ausgewiesen, wegen verdächtigen Aussehens, und groben Unfugs, genauer: weil ich ständig, mit und ohne Prophetenbart, frei nach Isidor von Pelusium, den Lendenschurz aus Homo-erectus-Zeiten immer wieder von mir warf, und beim Tanz um aufgleißende Kalbsbilder aus Katzensilber und Truggold meinen Allerwertesten unverhüllt der Sonne zeigte. Als Backfisch im Lichtkleid tanzte ich auf Waldlichtungen, im Reigen seliger Elfen. Es beruhte wohl auf Gegenseitigkeit. Hier und da sass ich bei einem Guru-Duell in der ersten Reihe, sah stapelweise barfüßige Erlöser, Inflationsheilige, oder war selber so einer, in Worpswede und anderswo. Als Asconese syntheti-

In Jenseldumdigerte ich durch den Asphaltdschungel der Überzivilisation

sierte ich Tabor, alias: Sinai und güldenes Kalb auf dem Monte Verita. Alle Stufen, vom Lakto-Frugivoren zum Makrobiotiker zum Veganer, durchlief ich experimentierfreudig. Zeitweise schlug ich als hornbebrillter Wandervogel Laute. Ich hospitierte bei den Schwabinger Kosmikern, allwo mir Kater Peter um die Beine strich, der in Wahrheit als eine Inkarnation des Anubis einherschlich. Zeitweise stand ich im Banne des kretischen Früh-Hippies und Spät-Gorillas Alexis Sorbas, der den neunmalklugen Theoreticus Basil lehrte, den Schlips zu lockern und am Strand zu Filmmusik von

Mikis Theodorakis zu tanzen, wie dann später an den Gestaden von Goa. Und anderswo. Asconesen rivalisierten mit Monteveritanern. Und Naturisten mit Naturmenschen. Und vice versa. Waren das alles völkisch fehlgeleitete, verfrühte Poona-Adepten und Prä-Hippies? Die immerhin noch ganz ohne atomstromgespeiste, gently weeping E-Guitar, percussion und Verlängerungsschnur auskamen... wie erholsam! Oder waren umgekehrt eher die Hippies verwässerte Aufgüsse der Landkommunarden, Anarchos, Oberdadas und schrägen Vögel von 1910? So oder so, jugendbewegte Fackelzüge, Waldfeste, Vagabundenkongresse und Kreuzzüge der Liebe transformierten sich in Open-Air-Festivals, Events und Sit-Ins. Und „nichtige Wichte" zwei Generationen in „Neckermänner". Schluckerzucht und Angstgezwerg wurden zur Borniwelt.

Nr. 16 – Wolkenkuckuck, minderjährig:

Elternhaus und Schule, Regen und Traufe – Schwamm drüber. Ein Milieu, das es so bald wie möglich hinter sich zu lassen galt. Banale Gesichter, blöde Typen, partiell ganz aushaltbar, vielleicht sogar nett. Aber halt arg kurzgeschoren, kurzgehalten, bartfrei, keimfrei, stocknüchtern, einfach nur ganz normal. Spar- und Krankenkassen-Outfit. Schweinchenfarbene Gesichter, sehr bebrillt. Zwei Leute pumpten ihre 0/8-15-DNS in ein Fortpflanzungsprodukt, fifty/mezzo, ein Maschinenbauingenieur und eine Nörgeltante, auf chromosomatischer Basis, 50 Prozent Feuchtfröhlichkeit, 50 Prozent Hypersensibilität, in den Sohn meiner Eltern, der alsbald so ähnlich aussah wie...schon wieder ich. Na dann, auf ein neues.

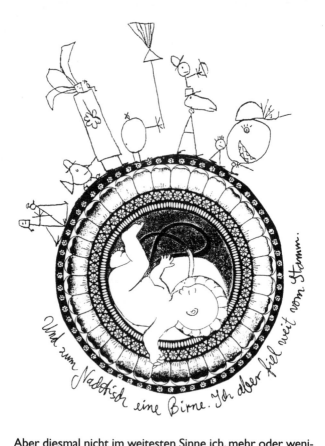

Und zum Nachtisch eine Birne. Ich aber fiel weit vom Stamm.

Aber diesmal nicht im weitesten Sinne ich, mehr oder weniger ich. Sondern erstmals tauschte ich Inkognitos a la Isidor von Pelusium oder Sankt Ulphobertus gegen - wie mein Passoporto beweisen könnte - meinen tatsächlichen

42

Namen. Der in diesem Fall Yolanda lautete...nein, so nicht. Und auch nicht Waldraute. Denn schon wieder hatte ich ein Mann zu sein. Obwohl ich lieber Norika Pletsch geheißen hätte, oder Ludmilla Tüting, Florinde von der Trauerweide, Sharon Levinson, Lydia Lunch, Ingrid Superstar. Ich hieß weder Nopse noch Hadayatullah, und auch nicht Chuck Karl Geck, Glommy, Henky Ippig, Mani Neumeier, Urban Gwerder, Sandy Hurvitz, King Melchior, Yma Sumac, Abbie Hoffman, Sergius Golowin, Ken Weaver, Judith Malina, Franco Beltrametti, Pati Smith, Endo Anaconda – nein: so nicht. Und auch nicht Calvin Schenkel, Gerard Malanga, Li Yen, Hairi & Röbel Vogel, Hü (= Dölf Hürlimann), Ueli Schuppisser, Gabi & Hansueli Hasler, Tabbis Nuckerli, Edi „Zulu" Stöckli. Hinter Decknamen wie Hugo Hommel oder Udo Hoffmann versteckte ich mich nicht, sondern...ich hieß anders. Erstmals war, so von der Identität her, meine diesmalige Figur durchaus mit speziellstens mir identisch, zeitweise. Des Vornamens Uli, des Nachnamens Holbein. Meine Figur und ich: ein Fleisch, bis hin zu völliger Verschmelzung. Kleinere Unterschiede abgerechnet. Große, ja: gigantische Unterschiede ebenfalls abgerechnet.

Und schon durchlief ich alle Stadien bisheriger Evolution im Schnelldurchlauf. Alle zwei, drei Jahre eine neue Kulturepoche. Meine früheste Erinnerung...mein erster Rauschtrip! Bis zehn mußte ich zählen, und das mit drei, und kam nur bis neun oder sieben, die Nase im Wattebausch, Mandeloperation, Polypen, Wucherungen, Äthernarkose, Delirium...ein kreisendes Himmelsrad, ein Big Bang ohnegleichen, urknallrot, unsagbar urknallgelb...mit Flämmchen am Rand.

Mit vier fütterte mich ein Gesicht namens „Mutti", im Archaikum meiner Kindheit, mit Süppchen, mit Suppe – SCHWAPP! -, Kartoffelsuppe, Nudelsuppe, Linsensuppe, ohne Fettaugen, ohne Suppengrün, also ohne hippiedeske Farbtupfer, ohne SPLOOSH, ohne SWOSH und PLUTSCH, ohne Lichtblick, Grau in Grau.

„So dann guten Appetit!"

Und zum Nachtisch eine Birne. Ich aber fiel weit vom Stamm. Der Apfelbaum des Normalverbrauchs warf eine Banane der Erkenntnis ab. Typisch Kuckucks-Ei, und das nicht nur zum Ostersonntag.

Mit fünf, lang bevor Flowerpower sich formierte, stand ich als Stöppke in summender, flirrender Sommerwiese, grüngoldnen überrieselt von Lichtflecken, und lief als Ziege, oder als Little Blue Ferdinand, auf allen vieren durch leuchtende, flutende, duftende Wollust, rief „Määäh!" Und zupfte oral Gras ab, das köstlicher schmeckte als Lutscher mit Limonengeschmack, versenkte mein erhitztes Gesicht in knallgelben und noch gelberen Stiefmütterchen. Mit Sonnenbrand auf Segelohren. Mit grünen Schaum vorm Mund. Grüngoldener dies alles als je Greenpeace! Bevor Esoterik boomte, berührte mich am kleinsten Finger, als ich zu Advent am Bulleröfchen mit Wachsstiften Elefanten malte, ein Engel...da bahnte sich doch wohl die Transformation meines zoologischen Hobbys in eine ungeheure spirituelle Ader an, oder etwa nicht?

Mit sechs lehnte ich mich bläßlich gegen autoritäre Strukturen auf. Unumgänglich für angehende Hippies im Vorschulalter! Ich floh aus dem Machtbereich des ewigen Moses, der mich das Wurstessen lehren wollte, in die Schürzen lächeln-

der Tanten, zweierlei Lucy in the Sky – aaah! Von denen die eine mir schöne Buntstifte zeigte: zweierlei Gelb, Zitronengelb und Safrangelb.

Mit sieben zog ein dicker Fremdling namens „Vati", des Namens Heinz Holbein, die von ihm gezeugte artfremde Traumnulpe hinab in düstere Bastelkeller, do it yourself, zu Drechselbank, Reißbrett und Lötkolben, ich aber - typisch Wolkenkuckuck! - wollte nicht laubsägen, drechseln, löten und männlich basteln, und nie mit Autos, Stabilbaukasten und Lego spielen, wie Bodo, sondern mit Püppchen und

Äffchen zu einer Insel, auf der ein Holzschild stand:
AFRIKA

Mit acht, bevor ich Animalpeace beitrat, versuchte ich einen Ohrwurm zu retten, den irgendein Onkel Fritz zertreten wollte, da glomm der spätere Weltretter in mir auf. Der Ernst des Lebens sandte unschuldige Vorboten: Ich versuchte einen Groschen fortzuzaubern und der blieb da. Gastroboter Hüsni grüßte mich mit „Guttä Tack", also verstand ich Türkisch - beglückende Völkerverständigung! Bevor die Welt in Yin und Yang zerfiel, sah ich im Zoo von Zürich zwei Inderinnen, die eine im traditionellen Sari, hochgestecktes Haar, Hindu-Stirnpunkt, schön rot, die andere im Dirndl, mit Brille und bretthartem Frisurhelm a la Frau Laabs. Und hießen vermutlich Sabine und Suleika. Ab sofort zerfiel die Welt in einerseits Turban, Aladin, Ali Baba, Kaba, der Plantagentrank, Kalif Storch, und andererseits Tiroler Hut, Udo, Heinz, Bodo, Rolf, Ralf, Dolf und Ulf andererseits. Mecki durfte nach Exotistan reisen, zu Harun al-Raschid, der kleine Muck trank in Mekka mit Omar und Suleika Mokka, ich aber hatte im desolaten Balkonien zu sitzen, allwo Oma Neapel und Nepal verwechselte, und Mukkefuck zu saufen. In Basel, Bebra und Darmstadt sehnte ich mich diffus nach Damaskus, nach Basra und Belutschistan, stand am Bebelplatz im Abgas und murmelte nutzlos: „Ramadan...Leguan...Setschuan..."

Nichts wie hin! Simsalabim! Nur wie? Wie kommst du am schnellsten nach Dresden? Steckst 'n Finger in'n Hintern und drehst'n! Salemaleikum...safrangelber Orient! Doch „Wollnse mal vorbeikumm?" roch wieder arg nach Kleinkleckershausen.

Mit neun wollte ich, lang bevor Pilzköpfe aufkamen, nie zum Frisör. Obwohl dort ein Wellensittich frei herumflog und mal auf mir, mal auf anderen Rasurköpfen landete. Mal auf Herrn Prostmeyer, der im selten ausgefegten Salon schnippelnd und knöcheltief im Haarfilz stand, während Hansi sich hangelnd verdoppelte am hansikotüberkleckerten Spiegel, worin mein freirasierter musikalischer Hinterkopf immer weißlicher, kahler, gerupfter, geierhafter aus dem Umhänge-Bettlaken stieg, als verschandelte Gesamtbeule, mit Topffrisur, vom schadhaft ziependen Rasierapparat umschnarrt, sssss, immer so um die ungeheuer überdeutlichen Segelohren herum, sssss, frei- und abstehender denn je, die ansetzenden Halsstränge der Kopfrückseite, die stopplige Rille oder Kimme der muskulären Halterung, das vorher nur fühlbare, jetzt sichtbare Knochenknöpfchen hinten am Hinterkopf – brrr! Das fiese Resultat hieß: Fassonschnitt. Mit tagelangem Juckreiz im Rollkragenpulli und noch mehr Sonnenbrand auf freigeschorensten Ohren schrie ich in den Klospiegel: „Das bin ich nicht! So seh ich nicht aus!"

Aber auf jedem Foto sah ich dann doch so aus. Erschwerte Identitätsfindung vorprogrammiert. Mickymaushefte 1962, in denen stets ein Hinweisschild auf Entenhausen zeigte, also auf Dirndl, und ein anderes auf Timbuktu, also auf Sari, leuchteten nur noch halb so magisch wie 1959.

Mit zehn sah ich in „Ali und das sprechende Kamel" einen Obermufti Opiumpfeife rauchen, Heinz Holbein aber, oft vom TÜV redend, CDU wählendes ADAC-Mitglied, schaltete um, zum „Blauen Bock", zum Äppelwoi, soff Pils, mit hochgelegten Füßen, grölte sich krebsrot bei „Mainz, wie es singt und lacht!" Und noch'n Bierchen!

Mit elf ließ ich mein präexistentes Hippietum leider arg links linken und fiel Bodo lästig mit lutherischen, alias: mosaischen, nämlich missionarischen, reformatorischen, förmlich staatsmännischen, leider auch judicativen, ja exekutiven Tendenzen, Reglementierungslust und Gehversuchen: Kaum ass Bodo Mortadella, erntete er, während meiner vegetarischen Phasen, Kopfnüsse. Und kaum hörte Bodo seinen Ruckizuckischwachsinn, schwang ich mich zum Volkserzieher auf, warf meinen Finger auf Off, sperrte Bodo im himmelblau gekachelten Klo ein, und dröhnte ihn mit Mozart zu, und Moldau, die er mit erstaunlich lautem „Laß mich sofort hier raus!" kaum übertönte. Mein erster und letzter Selbstmordversuch, schlechter Noten wegen, mit Muttis Stricknadeln in der Steckdose des Kinderzimmers... jederzeit total labil. „Nie zur Bundeswehr!" schwor ich mir. Weil man dort den Speck in der Suppe mitessen mußte. Aha: Keimzelle späteren Pazifismusses!

Mit zwölf zeigte ich eher versöhnliche bis isidormäßig sympathetisch weltallumarmerische Züge und schenkte Bodo eine Riesen-Haribotüte.

Nr. 17 – auch ich, ein Nachwuchs-Zombie in Vollnarkose:

Präcox rollte Ernüchterung heran: Herr Mangel, der seinen Stoff durchzog, Sachkunde-AG, Weißkittel in Krankenhäusern, in denen ich mit Scharlach, Polypen und Windpocken lag. Folkloristische Buntheit entfärbte sich unaufhaltsam. Almrausch- und Muezzin-Gejodel klang ähnlich. Dann wurde die graue Welt noch grauer. Vom Sportunterricht bis zur Klassenfahrt nach Borgwedel, alles ein einziges Grau in

Grau. Ich saß die Jahre ab, als Hülse, die zufällig genau wie ich hiess. So abgeblendet wie möglich. Mit zu knapp 100 Prozent brachliegendem Hirn, und einer Visage, die mir kaum zu Gesichte stand, dafür aber den Rahmen des Üblichen einhielt. Jahrelang mit Blick auf einen Baum, den man im März verstümmelte, und einen Container, den man im Mai erneuerte. Von den Spielen und Mätzchen der Dussels hielt ich mich fern, aber was half das schon? Nichts riß mehr vom Hocker. Alles kotzte einen an.

Mit dreizehn ließ die Besichtigung des VW-Werks Kassel-Baunatal mich kalt, und ein vermutlich überaus mitreissendes Feuervogel-Ballett riß mich nicht mit. Alles dröhnte und geigte total vorbei an mir, mit einem Preßgewicht von 500 Tonnen. Selbst die Knechtung meines einzigen Unter-tans, des bebrillten Versuchskaninchens Bodo Holbein, gab mir keinen Kick mehr. Turban durfte ich nur zu Karneval tra-gen, statt zur Konfirmation. Beim Summieren von Zehner-potenzen knurrte ich lustlos vor mich hin:

„Unfreiheit ist Scheiße. Halbe Freiheit ist doppelte Scheiße."

Aber bei Guerilla verstand ich nur Gorilla. Falls in mir was brodelte -- Schwamm drüber. Falls ich was ausbrütete -- pst. Zeitweise ging irgendwas in mir vor, fragte sich nur: was? Zumal stille Wasser extrem tief sein konnten...bisweilen.

Im Summer of Love war ich erst vierzehn, die Segelohren noch gänzlich unbedeckt, und null Flaum kräuselte sich am weichen Kindergesicht. Mit besagtem Fassonschnitt hinkte ich hinter den ersten Pilzköpfen her, ein Blindgänger, der sich kaum zum Spätzünder zu mausern hoffte. Widerlich dissonant krähte ich nach Taschengelderhöhung. Charly

Alsbald votierte auch ich
gegen Hierarchieabbau.

Klotz, der mich ins Anne-Frank-Heim und ins Tanzcafé Lückert schleppte, horchte mich inquisitorisch aus, was ich unter „agitieren" verstünde; ich errötete unter Mitesser-kreme und behielt die Eindeutschung für mich...mangels Lexikon.

Mit fünfzehn stieß ich „Ho-ho-ho-chi-minh" mitblökend an, in kahlem Partykeller, mit Sekt in Joghurtbechern, und Blick auf Che Guevara, auf dessen Uniform ich zugekniffnen Auges so uninformiert starrte wie auf Moshe Dayans Pi-ratenklappe. Werner-Orpheus agitierte gegen die steppen-wölfische Weinerlichkeit, obwohl es Hesse materiell gut gegangen sei. Waldi agitierte gegen mich:

„Du bist einfach kein Sand im Getriebe! Sei doch ma' 'n bißchen politisch aktiv!"

Im TV wollte eine Emanze eine Putzfrau politisieren. Die aber wurde aufmüpfig:

„Bis ich das Zitat vom Brecht verstanden hab, habbich längst das ganze Haus geputzt!"

Irgendwo wurde mir mein Friedrich Wilhelm abverlangt: „Nixon muß vor ein Kriegstribunal!"

Immerhin, auch ich hatte irgendwas gegen die NPD und gegen „die Macht". Alsbald agitierte auch ich gegen das integrierte Establishment. Und hatte auch nix darwider, to change the world. Ohne deshalb meine eskapistischen und privatistischen Tendenzen zu verleugnen. Am schlimmsten sahen bei einer DKP-Demo gegen Notstandsgesetze die vielen Pickelfaces aus, nämlich praktisch so wie ich. Vollrohr Neandertal! Na Hauptsache, ich war für Hierarchieabbau. Vierkorn-Müslis, in denen ich stocherte, denunzierte Heinz Holbein als „Vogelfutter". Auch in beliebig anders struktu-

riertem Clan hätt ich mich nicht wohler gefühlt. Im Warte-
zimmer der Gebißregulierung peitschte mich ein STERN-
Artikel wach, über Tramper, die sich den Trip nach Indien
durch Blutspenden in türkischen Krankenhäusern finanzier-
ten. Fernweh brach in mir auf, doch bis zum Abi waren's
noch drei Jahre.

Nr. 18 – ich war einmal ein Dschieses-Freak:

Mit sechszehn, siebzehn transformierte ich dann endlich
das H-Milchgesicht, als das ich in steifem Paßgang umging, in
eine Figur, hinter der Meckiköpfe und Neckermänner alsbald „Jesus lebt!" herblökten. Und schon zählte ich zu jener
Dschieses-Sorte, die zwar selten blieb im Verkehrsauf-
kommen typischer Wochenend- und Fulltime-Hippies, aber
dennoch auf Popfestivals sich arg häufte. Wallende Mittel-
scheitelfrisur, Korkenzieherlocken, artspezifischer Kinn-
flaum, obligate Leptosomität, alle Attribute bestens beisam-
men. Mein bisheriges Rumlatschen transformierte ich in ein
Einherwandeln. Und daß ich in der Jeanstasche weniger die
Mao-Bibel trug als Laotses Votum für Ruhe im Protest-
sturm, sprach des weiteren für meine jesuanische Sanftheit.
Statt Thesen-papers gehorchte ich lieber Hermann Hesses
Gesetzestafel:

„Du sollst ein Barometer nicht zum Vorschlaghammer
machen!"

Statt gegen Windmühlen zu kämpfen, fuhr ich gefrustet 2
oder 8. Werner und ich prallten aufeinander. Er bombar-
dierte mich mit Willy Brandt:

„Wer Unrecht zuläßt, stärkt es!"

Ich aber lobte mir eher Nietzsche:

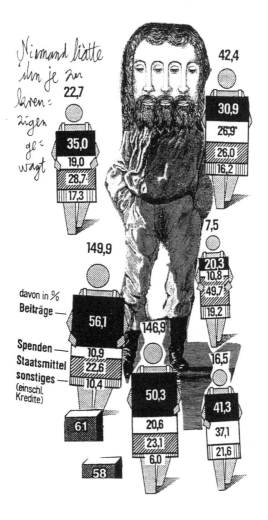

Niemand hätte ihn je zu lebenzigen gewagt

22,7

35,0
19,0
28,7
17,3

42,4

30,9
26,9
26,0
16,2

7,5

20,3
10,8
49,7
19,2

149,9

davon in %
Beiträge —

56,1
10,9
22,6
10,4

Spenden —
Staatsmittel —
sonstiges —
(einschl. Kredite)

61

146,9

50,3
20,6
23,1
6,0

16,5

41,3
37,1
21,6

58

„Wer gegen Drachen kämpft, wird selber Drache!"

Einzig Nopse sah noch viel jesuanischer aus als ich, noch filmreifer, noch milder und fingerzahmer als ich, schier lämmchenhaft, König der Softies. Nie und nimmer hätte dieser Nopse die Sonderangebote und Hanuta-Ständer netter EDEKA-Händler umgeschmissen; nobody hätte ihn je zu kreuzigen gewagt. Er lächelte immer so seltsam. Ich hatte sogar jenen unterzuckerten Blick drauf, leicht pathologisch, plus hängende oder verschleierte Augenlider, so als stünde ich $2^1/2$ Sekunden vor einem epileptischen oder gar spirituellen Aha-Erlebnis. Kein Wunder, daß TH, HBK, ASTA, AVZ, APO, Mitfahr-Zentrale und BAFöG mich weniger antörnten als Hashbury, Woodstock, Pepperland, Walden, Ökotopia, Esotopia, Spiritopia, Absurdistan und andere Streichelzoos, alias Utopia, Eldorado, Atlantis. Mein diesmaliger Hauptmann Opella hieß Heinz Holbein. Ausgerechnet! Kam ich abends als Hilfsjesus die Treppen hochgejumpt, 22 Uhr 40, oder wahlweise als Stadtindianer in Clownshose, Amijoppe oder Trillhoffmantel, stand oben dieser Bornisack mit Gummischürze über milchlila-suppengrün kleinkariertem Freizeithemd: „Du siehst ja aus wie'n Strauch! Wie'n Mann, der sich keinen Kamm leisten kann!"

Gut beobachtet. Und auch wieder nicht. Zwar sah er an mir sämtliche Attribute, Accessoires und sonstigen Schönheitsflecken, die einen echten guten alten Hippie definierten. Doch im tiefsten inneren Busen ahnte ich, daß weder die spießige noch die quietschbunt zerlumpte Variante irgendeinen Ausweg bot. Wie gern wär ich aufgetaucht aus dem Bleimeer ausbleibender Aha-Erlebnisse! Und lebte so dahin. Und flog von Schule zu Schule.

Nr. 19 – ein atypischer Hippie:

Nun wurde ich achtzehn. Und meine Ausweich-Identität stand mir immer seltener zu Gesichte. Ohne Abi null Uni. So wurde ich, statt Azubi, Zivi, zuerst auf einer Intensivstation für herzkranke Frühgeburten, dann auf einer Medizinischen, oder auch umgekehrt. Neben mir sahen Provos, Straßenkünstler, Motherfucker, neue Nomaden, abtörnende Freak-Visagen wie Benni, Mucky, Kay oder auch Johnny alias Ehrhart, Indeed, diese behaarten Fettsäcke, Wurzelmännchen und Passivkiffer, eher wie Schergen aus, vulgärer und brutaler als die Peiniger Christi im Nürnberger Nationalmuseum, oder in Georg Friedrich Händels „Messias". Wenn ich nach Dienstschluß, zwischen Rathaus und C & A, eingehüllt in meine Duftglocke aus Satina sept, statt aus Räucherstäbchen, an ihrer Gammlermauer vorbeistorchte, unfreien Schritts, oder vorüberschwebte, seitenblicklos, hoffentlich nicht wie auf einer Laufschiene, sondern wie auf Luftkissen oder auf H_2O, stuften sie mich als artfremd ein, als Wochenend-Hippie. Statt mich dazuzuflacken und mitzutrommeln, so fresseaufreißend wie pickelnarbig, stellten die grölend paffenden und kiffenden Schmuddel- und Fuddelfreaks mir ein fransenjeansbehaftetes Bein. Außer Schlabberlook und verfilzte Matte teilte ich mit Benni usw. -- sorry! - kaum eins ihrer drei untrüglichen Erkennungsmelodien: Pop, Drugs & Sex:

Pop: „Das ist ein Rhythmus, bei dem jeder mitmuß!" Ich auch? Ich nahm nur das Kolorit mit, den Schlabberlook, aber die Substanz, die heilige Trinität, oder besser: Trimurti, durchpulste mich nicht richtig. „Street fighting Man" und „Revolution" gingen mir am Musculus glutäus maximus sogar ziemlich vorbei. Natürlich war es enorm wichtig, daß Elektro-Blueser, Autoharfisten - und vor allem: wechselnde Schlagzeuger - mit ihren Maultrommeln, Pulsleiern, Sprech-krawatten, Lichtharfen gegen Borniwelt und Spießer-Internationale ansangen, ich aber sang nicht restlos über-zeugend mit. Konzerte, auf die Charly Klotz mich schleppte, tönten mir und meiner zarten – nun ja: weiblichen Seele viel zu schlagbohrmaschinenmäßig. In unterirdische Discos stieg ich so beklommen wie damals in meines Erzeugers Bastel-keller. Schlagzeug tat mir im Ohr weh. Zwar zuckte auch ich im Strotoskopgeflacker des „Fettnäpfchens" herum, bei „Pretty Lisa" von den Petards, sogar so spastisch wie mög-lich, wenn schon, denn schon. Doch so richtig mußte ich bei diesen Rhythmus nicht unbedingt mit. Ich nahm den Lärm nur in Kauf, um irgendwie an Mädchen heranzukommen. Ekstase kam bei mir nicht auf. So sehr auch unglaublich gebärfreudige Wechselrundungen um virtuelle Mittelachsen schwollen, Idealgesäße, Bauchtanz, doch saß obendrauf halt allzu oft ein Perlhuhnköpfchen oder eine Kernseifenmutti. Nur zu Studienzwecken machte ich mit, und grinste sardo-nisch über dieses und jenes Normalgesicht, das beim authentischen Ausflippen zwar die Augen zumachte, aber die Brille aufbehielt. In die üblichen Tanzbewegungen baute ich physiologisch unorthodoxe Spezialzuckungen ein, Extra-systolen, hinauf in Plateau-Phasen, plötzlich angeschlossen an Hochleistungsvibratoren, die mich galavanisch durchrüttel-ten, bis gemäßigte Ekstatiker rundum angerempelt beiseite-sprangen, sowie einmal auch ein zwischen meinen Waden herumwedelnder, aufjaulender Pinscher, der meine herum-fliegenden Extremitäten abbekam. Kritische Beobachter

Barockmusik (statt Rock music) törnte mich an...

stritten sich, ob ich authentisch ausflippte oder alle Normaltänzer nur verarschte. Anschließend, nach 0 Uhr, tigerte ich dann durch die endlose Friedrich-Ebert-Straße, sah mich um nach der letzten fortgefahrenen 8, und kostbare Hörzellkolonien hauchten, Areal um Areal, ihre Funktionstüchtigkeit aus, erloschen, starben mit an- und ausgeknipstem Pfeifton ab. Obwohl ich mir Serviettenzipfel in die Gehörgänge gedreht hatte. Irgendwie von meiner Identität her war ich einfach nicht so recht born to be wild. Als unrettbarer Super-Softie präferierte ich weniger The Stones als The Beatles. Und natürlich eher „Mother Natures Sun" als „Helter Skelter". Ich stand auf Schnulzen: Yesterday, Mother Natures Son, Elenor Rigby, Lalena, Blackbird, Ruby Thuesday, je schlagzeugloser, desto besser. Bob Dylan war mir zu aufgerauht und hartkantig, und Donovans „Lalena" nicht softig genug. Aus dem Schmachtbrei und Streicher-schmus zittrig singender Bee Gees versuchte ich sowas wie Orchesterklang herauszuhören. In „Penny Lane" spielte eine Bachtrompete mit! Und in „Hey, Bungalo Bill!" ein echtes Fagott! Ich lief meilenweit für einen Umweg. Also pfiff ich mir immer öfter, statt AFN, das ARD-Nachtkonzert rein, ab 0 Uhr 05, aus Baden-Baden oder anderswoher. Obwohl Wüstensohn Dschieses sicher kein Faible für Bachkantaten gehabt hätte, delektierte ich mich, statt mich mit Rock music grobstofflich zuzudröhnen, lieber am zart plänkeli-gen Basso continuo der Barockmusik. Statt ein Open Air Festival auf Burg Herzberg zog ich mir Opus 131 rein, in cis-moll, des späten Beethovens. Viola d' amoure statt percus-sion und cowbell! Und statt BBC – Debussy! Den ich vor Charly Klotz geheimhielt. Für ihn war das alles nur Bildungsscheiß. Fast so illegal wie Roy Black, Roberto Blan-co und Heino. Umgekehrt wurde er empfindlich, wenn ich die Stones mit Heino verglich, so von der Simpilzität der Lautgebung her.

„Leg doch mal einer was Richtiges auf!"

Mir aber stand immer öfter die beklebte Schlaggitarrre, auf

der Benni seine zwei, drei Debilo-Griffe abhaspelte, nicht mehr genugsam - wenn nicht gar: sattsam - in fis-moll. Und in h-moll erst recht nicht. Immerhin, Evening Ragas machten mich halbwegs an, oder auch Morning Ragas. Nur war Ravi Shankar halt leider genauso trendy wie alles andere.

Drugs: Von Louis Armstrong bis Pink Floyd hamm alle sich am Hasch erfreut. Hast du Acid in der Blutbahn, fliegst du schöner als ein Truthahn! Ich auch? Auch das noch: Shit hätt ich mir zwar gern gefallen lassen, doch bereits beim geringsten Zug am Joint, abgesehn von Charlys Speichel-resten, hustete ich sofort aufwendig los, hochallergisch, typisch Nichtraucher. Und bei Space cakes merkte ich ent-weder nichts, oder es warf mich auf den nächsten Per-serteppich. Wo ich breit, stupurös, visionslos, sprachlos bes-seren Zeiten entgegendumpfte.

Sex: Fuck for peace! Make love (lechz!), not war (würg!)! Koitiert auf Bänken, boykottiert die Banken! Gern doch, nur mit wem? „Lieber die oder die?" fragt mich Bernhard Hartmann tendenziös in der Kantine. Ich verzog dann nur blasiert die Visage: „Sorry, aber ich als Vegetarier --" Oder machte einen auf geheimnisvoll: „Abwarten, mein Lieber!" Zwar war ich ständig, trotz zögerlichem Bartwuchs, geil und spitz und rattenscharf, aber praktisch nie verliebt. Mein Problem war nicht, nicht zweimal mit derselben zu pennen, um nicht zum Establishment zu gehören, sondern über-haupt jemals mit überhaupt wem zu pennen. Beim Bummeln zwischen Rathaus und C & A nahm mich, als es lospinkelte, ein fremdes Mädchen mit unter ihren Regenschirm, für 150m, drei, vier Minuten, lächelnd, plaudernd, auf Nimmer-wiedersehn, ein Vorgang, von dem ich zwei Jahre lang täglich

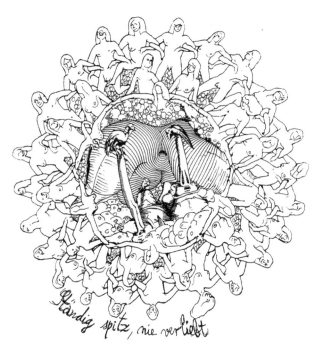

ständig spitz, nie verliebt

zehrte. Na gut, jedenfalls wöchentlich. Wenn ich im
Frühdienst mit Schwester Laura, zwischen Entgiftungszim-
mer und Raucherecke, im Ausguß Sauerstoffanschlüsse ein-
tütete und Laura Miltonbecher auswichte -- nahm ich mir
was vor? Weibliche Rundungen usw. fehlten ihr z.B. fast
ganz. Wozu dann mein Herzklopfen? Falls der Kittel nicht
täuschte. Also war Laura (Typ: Standardmodell, Marke Kern-
seife) einfach nicht mein Typ, redete ich mir ein. Und nahm
mir übrigens überhaupt nichts vor. Kommen lassen wollte

ich die Dinge. Da kam aber nichts. Und im Spätdienst auch nichts. Obwohl Schwester Laura mich für einen verklemmten Süßholzraspler hielt. Nichts gegen Exzesse, aber sie stellten sich nicht so recht ein. Ich stand meiner eigenen Ekstase im Weg rum. Sobald ich über mein einsam verkorkstes Leben weinte, schenkte ich meinem Weinen weitere Steigerungen, indem ich Mozart-Adagios auflegte. Der Sessel, in welchem ich ächzend hing, quer hineingeschleudert, wackelte rhythmisch.

„Der harte Fleck im Badetuch sagt mehr als jedes Tagebuch."

„Auch Nixon tut wixen! Willy Brandt tut's mit der Hand! To masturbate is human -- to fuck divine!"

Wohlweislich vermied ich hierbei in den Spiegel zu gukken. Spielverderberische Momente konnte ich jetzt nicht gebrauchen. Plötzlich sah ich doch hinein...und gleich wieder hinaus: die halbe Sekunde genügte. So brachte ich meinen Aphorismus zur Welt:

„Nichts gegen Ekstase, wenn ich dabei nicht so ein blödes Gesicht zöge."

Zwischenfazit: Sowohl auf Station wie in Freak-City rangierte ich als auszumendelnder Fremdkörper im Gesamt-Biotop.

Nr. 20 – ein Edelgammler mit Stilbruch:

Bürohengst oder Blumenkind, andere Alternativen gab es nicht, außer vielleicht Snobismus, Smoking, Schickimicki. Mit neunzehn, eines wunderschönen Tages, fand ich zu mir selbst, indem ich von mir abwich, und zwar anläßlich einer Karnevalsveranstaltung im „Fettnäpfchen": Herrn Kleins

Kashmirwolle-Frack, tagelang ausgeliehen, stand mir nicht übel. Eine hervorpellbare Schokoseite ließ sich auf ungeahnte Höhen stylen, und das mitten im Gesicht. Die Strukturumwandlung meiner Künstlermähne machte wen aus mir. Mein Spiegel spielte sogar mit. Register, die ich kaum zog, aktivierten sich. Kaum begab ich mich unter die üblichen Dumpfis, brach Suada aus mir hervor, hochkultiviert, mit Sprachmelodie, nicht ohne natürliche Eleganz. Andere liefen im „Fettnäpfchen" bloß verkleidet herum, trugen Kostüm, Ballettkleidchen, Burnus, Chinastrohhut, Schuhplattler-Lederhosen, einzig ich war voll und ganz - und durch und durch! - exakt jener stilechte Übermensch und Schöngeist, als der ich ab sofort einherzuwandeln anhub, über jeden Aschermittwoch hinaus, richtig so mit afghanischer Seide, Einstecktüchlein und Luxus-Spazierstock, durch die links und rechts normalsterblich abfließende Standard-Mediokridität der Fußgängerzonen. Born to be süperb! Mit abschattierter Mängelseite. Die Lebensäußerungen und Seinsformen meiner Zeitgenossen tat ich mit abgespreiztestem Fingerchen in toto von mir: „Wie unästhetisch!" Sobald mich einer anmachte: „Hey, Basketspieler, wie ist die Luft da oben?", brach ungeübte Schlagfertigkeit aus mir hervor: „Es riecht nach Däumlingen..." Schnellkurse in Gedächtnistraining sowie in der Fakultät „Diabolische Verhandlungskunst" machten aus dem Arsch mit Ohren, alias: aus dem wortkargen Trauerkloß, als der ich neulich noch herumhing, binnen zwei, drei, vier Wochen einen Chefstrategen, der Teilschönheiten wie Vanessa, Maura und Julia - sowie Julia Nr. 2! -, so erwartungsvoll sie neuerdings zu mir aufblickten und augenklimpernd meine Tiraden, Elogen,

Statements zu meiner ungeheuren Naturverbundenheit, meiner übergroßen Anima, meiner weiblichen Intuition verfolgen mochten, mit männlich scharfem Blick auf Warzen absuchte, oder auf eine Überdosis Zahnfleisch, um alsdann – bei aller Lüsternheit – die eigene Dignität doch etwas zu schade zu finden, für geborene Stewardessen, Avon-Hostessen und Beinahe-Topmodels wie Jessica, die ich für alle Fälle in eine Wechselbad-Spezialmischung aus parfümierten Anspielungen, Süßholzgeraspel, Stegreif-Aphorismen tauchte, und vor allem: aus galanten Rückziehern. Plauderfreudig hielt ich alles in der Schwebe...und alle Türchen offen.

Nur kauften mir meine Leutchen den Ästheten nicht so recht ab. Der Anflug geschniegelter edler Melancholie, Marke Prinz Hamlet oder Lord Astor, den ich mir vorm WC-Spiegel einübte, kam bei meiner Mitwelt als Mißlaune an...nicht sehr überzeugend.

„Du guckst viel zu vorwurfsvoll aus der Wäsche", monierte Imageberater Kay Flachmeyer, „also unedel. Du leistest dir zuviel Stilbrüche!"

Tatsächlich, bei mir hing immer irgendwo ein Hemdzipfel raus. Und eine fettige Strähne hinein die hochgeistig räsonierende Stirn. Als Opernballbesucher wirkte ich aufgepfropft. Es gelang mir nicht, die Bügelfalte zur Weltanschauung zu erheben. Jede Notlösung, selbst ernstgemeinte Identitätsfindung als Undertaker oder Oberkellner, sah bei mir stets nach Kostüm aus, Karneval, Mimikry, Pseudomorphose. Mein innerer Hippie, der mir nicht genügte, ließ sich nicht ausmendeln. Weshalb ich auch weiterhin der Popjugend zugeordnet wurde, ausstrahlungsmäßig.

Nr. 21 – als Ex- unter Ex-Hippies:

Alsbald profilierte, outete, betätigte ich mich als Hirnwixer, Kunststudent, als grüner Zuspätromantiker und Landschaftsmaler, Indienfahrer, Hauslosigkeits-Fan, Jäger perfekter Augenblicke, Lover, Autor, Drogenkonsument, Pendler, Landkommunarde. Nebenbei fiel mir auf: Wochenendhippies legten ihre ungezügelte Matte immer öfter ab. Flowerpower, wie vorher alle anderen Scheinblüten, verwelkte nach nur zwei, drei Jährchen Laufzeit. Die Neandertaler hatten dem Establishment vergleichsweise immerhin achtzigtausend Jahre standgehalten. Mächtige DNS rief. Weit vom Baum gefallene Äpfel rollten zum Stamm zurück. Nach kurzer C & A-Vermarktung. Viele pennten dann doch zweimal mit derselben Lisa oder Sonja. Hunderttausende verwandelten sich in Ex-Hippies mit Familie, Karriere, PKW, Kontoauszügen.

„Wer sich nicht wehrt, endet am Herd."

Wer sich hingegen wehrte, wollte auch mal was Schönes kochen. Total ausgeflippte Hippiemädchen normalisierten sich besonders unaufhaltsam, spätestens beim Kauf von Strampelpeter für die liebe Sunshine, Butterfly oder Lucy, und ersten Elternabenden. „Love-Love-Love" und „Give peace a chance!" konnten den Moloch Vietnam um kaum eine Minute abkürzen – ewige Ohnmacht John Lennons und Yoko Onos, alias: Charly Chaplins und des braven Soldaten Schwejk! Ab und zu rutschte selbst noch dem lämmchenhaftesten Nopse die Hand aus. Bereits Wang-lun, der Rebell, really peacefullly, hatte stets wieder aggressive Anwandlungen durchstehen müssen, am eignen Leib.

Viele wurden ihren Idealen nicht untreu, aber bogen sie

um in andere Gleise. Die Normalhippies zeigten sich so wandlungsfähig wie Viren, und gingen umgetauft, umgepolt bis unauffindbar in Punk, Hiphop und Tekkno auf. Tanzten auf Berliner und Züricher Love Parades relativ unverwandelte Kurzhaar-Hippies weiter? Und auf Kölner und Hamburger Christopher Street Days? Im Motto des Berliner CSD 2001 „Mein Bett -- mein Kampfplatz für den Weltfrieden!" war unverwandelt die gute alte Hippie-Parole „Fuck for peace!" wiederzuerkennen (im konkret-Juli-Heft 2001 zu „Make love and war!" pervertiert). Einerseits gab's die Möglichkeit, das berühmte „Scheitern der Hippies" so zu betrachten wie der alpsurd subkultürliche Urbanaut, helvetische Urbandit, Poète anarchymiste, Rezita-/Animator, Outlaw, Networker, Kulissenschieber, Dylanologe, Ehrendoc der KUSS (Kritische Untergrund-Schule Schweiz) und unverfälschte Alt-Hippie Urban Gwerder aus Zürich, Baujahr 1944, dem Sänger des Lieds vom Wundermaitli - zu deutsch: Supergirl -, nämlich die heutigen Love Parades beckenkreisender, naziglatzenartig frisierter Groover und Raver als Überrealisierung der alten Aufforderung „Dancing in the Streets" so skeptisch wie möglich zu glossieren, als Wochenendflip und karnevalmäßiger Konsumtrip für Yuppie-Banker und Großbürotussis, Freizeit-Exhibitionismus vor dem Weltuntergang:

„Fehlt hippiedesk erweitertes Bewußtsein, kann alles Raven nur ein Frust sein!"

Andererseits lassen sich ebendiese Raver als Kurzhaar-Hippies betrachten, wenn nicht gar als mittelalterliche Veitstänzer und antike Bacchanten. Und schon kann alles in Butter sein. Jedenfalls sind all diese bis zum Umfallen

Feiernden einander ähnlicher als die CDU jenem Christentum, das in ihrem C enthalten sein möchte, fast so ununterscheidbar wie inzwischen die Grünen und CDU. Auch in ihren besten, unverfälschten Zeiten kamen die Langhaar-Raver von 1967 nicht umhin um Tauschprinzip und Jobsuche, und von Anfang an verdiente sich die Branche dusselig an Wochenend-Hippie-Perücken. Konsumverweigerung und Kapitalismuskompatibilität, statt sich feindlich auszuschließen, konnten immer friedlicher - friedlich bis kosmisch - verschmolzen werden: Landfreak und Sexguru Raymond Martin lebte zwar weiterhin ländlich, ließ aber nach und nach, wie Bruno Martin, seine Alternativ-Buchproduktion einschlafen und sein Hanf-T-Shirt-Versandhaus boomen, wie Mathias Bröckers sein Hanf Haus Berlin, oder Frank Fuchs seine Produktion medizinisch interessanter Kräuter-Inhalatoren. Andere fanden zu anderen Göttern. Hadayatullah Hübsch, Gedichte dichtender Frankfurter Hippie der ersten Stunde, legte seine Schuhe ab, begab sich auf seinen buntdurchwirkten Gebetsteppich und betete nur noch zu Allah. Der schräge Paradiesvogel, Medienkünstler, Klarträumer, Zwerchfellautor und Spirituallekt Micky Remann moderierte zwar Somnambule Salons, Ufo-Kongresse in Big Sur, pendelte gern zwischen Frisco und Fränkfört, mit Delphinen musizierend, baute Unterwasserkonzerte im Samadhi-Tank zum Thermalbad LIQUID SOUND aus, inclusive der „Bar des Wohlbefindens", allwo er allerlei Badekappengäste in einer salzhaltigen Ursuppe zu ozeanischer Entgrenzung führte, war aber, mangels Bart und Künstlermähne, möglicherweise sowieso nie so richtig und glatt unter Hippie subsumierbar gewesen. Zumal er als

Ein =
rot=
verbeultes
Schwitzgesicht,
das jeder
anlachte u. duzte.

Globaltrottel, trotz vierjähriger Asienreise, Goa und Kabul ausdrücklich ausklammerte. Wieder andere trugen zwar Glatze, plus Maßanzüge von Hugo Boss, Paris, behaupteten aber in ihrer Freizeit, eigentlich noch dieselben Freaks zu sein wie damals. Die Summe aller Abweichungen von chemisch reinen Ideal-Hippie hatte wohl zum angeblich sofortigen Verwelken der Blume geführt. Schon allein wegen mir und meiner Abweichungen.

Andere blieben sich beklemmend treu. Oder hielten zumindest streng an den damaligen Stilechtheiten fest. Bee Gees, Donovan, Mick Jagger ließen sich vom Zahn des Zeitverlusts nicht weiter stören und tanzten als Dauergäste verjährter Jungbrunnen auf den Gräbern der Frühvollendeten: Elvis - alias: Novalis? -, Janis Joplin - alias: Jeanne d´Arc? -, Jimi Hendrix – wir gratulieren zum 60. Geburtstag 2002! - und Brian Jones, popig vertonten Wiederauflagen von Raffaelo Santi und Amadeus Mozart? Ewige Comebackler und Grabflüchter, lederne Fossilien, Mumien und Nachzügler ihrer selbst. Nopse sah immer noch aus wie Dschieses, aber ein über vierzigjähriger Jesus wird irgendwann komisch. Trau keinem über 33. Lieber 40 und würzig als 20 und ranzig! Binnen kürzester Zeit verstrichen Jahrzehnte. Vom TV-Sessel aus sah ich den wenigen unbeirrbaren Alt-Hippies, Veteranen der Rebellion, Oldtime/longtime-Revoluzzern und Ex-Idolen beim Älterwerden zu.

„Gebt Opi etwas Opium, sonst bringt sich unser Opi um!"

Andere schrieben ihre Memorien: Raymond Martin: „Ich bin gut. Dokumentation eines unnormalen Bewußtseins", Hadayatullah Hübsch: „Keine Zeit für Trips", Werner Pieper: „Maximum Respekt. Der MedienXperimentator erzählt

Geschichten von den Wurzeln und Rauchzeichen der Grünen Kraft", Victor Mala: „Drachenjagd. Bekenntnisse eines deutschen Opiumessers in zwölf Bildern". Der psychedelische Landschaftsmaler Wolfgang Maria Ohlhäuser schreibt noch dran.

Leitfossilien und Superstars der ersten Stunde zogen sich zurück in Yellow-Submarine-förmige Privatresidenzen, wie George Harrison, in ihre Aufnahmestudios, in eigenhändig bestellte Gärten. Neben jedem Yogasitz ein Bodyguard. Eingehüllt in weltberühmte Medienscheu, wichen sie Alzheimer aus – via Marlboro und Steuvesandt. Nach und nach erzielte die Trennung der Ex-Beatles, die seit 1970 voreilig als Ex-Beatles firmierten, so sehr sie sich hinzog, existentiellere Stufen: Vier kleine Negerlein, da waren's nur noch drei. Acid killte keinen derer, die von legalem Teerstoff ständig fortgerafft wurden. Nur bekam das eigene Sterben keiner nochmal so locker vom Hocker hin wie LSD-Papst Tim Leary, als Freak-Party, durchaus nicht gänzlich unverwandt dem von Anton Webern für Chor a capella atonal vertonten Stefan-George-Vers:

„Entflieht auf leichten Kähnen…"

Schließlich erkrankte sogar George Harrison an Kehlkopfkrebs. Ironie fieser Schicksalssymphonie und Tragifarce aller übriggeblieben Weitersingenden: Chemo-Therapie contra Pilzkopf. Lieber eine Glatze als gar keine Haare! Drei kleine Negerlein…Methusalem schlug auch in Toupé-Gestalt, wie bei Elton John, immer wieder böse zu. Einst rollte Rock 'n Roll und Beat über Beethoven hinweg, jetzt rollte partout nicht wegmeditierbare Vergänglichkeit über die letzten Mohikaner hinweg.

Die noch ab und zu zusammengetrommelt wurden. Und trotz aller Abgänge immer noch da zu sein schienen. Zumal selbst ich irgendwann merkte, daß ich etliche Flower-powerscheiben zwischen 67 und 71 doch irgendwie wie-dererkannte, ja: völlig intus hatte, trotz Arnold Schönberg, von Joe Cocker bis Fleetwood Mac. Bevor meine eigene, im wellenreichen Ozean der Sub- und Popculture kurz aufge-wirbelte Visage im Bodensatz fratzenreicher Kollektivwoge untergurgeln würde, fuhr ich schnell noch dorthin, mit ran-zigen 46, aufs „Movement of the Hippies", aufs Herzberg-festival 1999, jährlich in der letzten Juliwoche langhaarig reanimiert von Kalle Becker. Der wurzelzöpfig grünver-zweigte Highdelberger Rauschkunde-Editor Werner Pieper, ehemals Bewußtseinswarenhändler, warnte mich zwar vor. Damals Free-Conzert, überschaubare Bands, jetzt 85 Mark Eintritt, Abzockerei, Geländeumzäunung, Einsperrung in konsumentengerechte Camps, gigantische Parkplatzpro-bleme und Organisation, ein in die Breite gegangener, apo-krypher Aufguß der unendlich legendären Zusammenkünfte 1970 & 71, „vom Herzberg zum Geldhügel. What a temp-tation"! Ich aber fuhr hin, mit dem nun auch schon 62jähri-gen Manfred, der jugendlich wirkenden 40-jährigen Doris und der 16jährigen Ninja, nicht ohne Nasenring, vorwärts-gepeitscht von Torschlußpanik und dem Gefühl, damals zum richtigen Zeitpunkt irgendwas Chimärisches verpaßt zu haben, 25 km entfernt von Alsfeld und Aua, von Neukirchen aus in Richtung Hersfeld, zwischen Asterode und Oberaula rechts nach Schorbach, durch Weißenborn durch, nach Görzhain links, Kreuzung im Wald, links usw. Dann: ein vier-tägiges überschwappendes Bayreuth aller Ex-, Alt- und

Zuspät-Hippies, Uralt-Hippies, Feierabend-Hippies, Quasi-Hippies, Sympathisanten, Nostalgiker, Zuspätromantiker, Nachzügler. Auf einer Fläche, x Quadratkilometer füllend, größer als ganz Homberg, das Fachwerkkleinod an der Efze, ein Labyrinth aus Zelten, Autos, Wohnwagen, Lagerfeuern - - Freak City. Alles voll lachender, freier Pilzköpfe, scheinbar höchst authentischer Blumenkinder...es gab sie also doch noch. Ein hyperreales Total-Comeback überhaupt nicht gefakter Hippies, kaum gepersert, und erst recht nicht getürkt, auffallend stilecht. Alle-alle waren noch voll da, nicht nur vollzählig, sondern überpräsent, hyperreal, ohne Nachwuchsprobleme, und alle, selbst die erst 1980 Geborenen, sahen haargenauso aus wie 1972. Wo waren die nur alle in der Zwischenzeit abgeblieben? Wo hatten die nur alle so schnell ihre nach wie vor langen Haare und Bärte herbekommen!? Und zwar ganz unverhofft viele. Praktisch mehr als damals. Horizontfüllend viele. 40000 zusammengetrommelte Nonstop-Freaks live, Zottelköpfe, Dealer, Schmuckverkäuferinnen, Typen. Eine überoptimale Simulation a la Spielbergs Jurassic Park? Alles stimmte! Alles war echter als echt. Ich tauchte ein in eine detailbesessen rekonstruierte Abenteuerspielwiese all dessen, was ich seit Jahrhunderten für ausgestorben halten mußte: Lange Haare, Henna, Bärte, Ganeshas, Schmuck aus Indien. Ein Sammelbecken, ein Total-Comeback, so tiefenplastisch wie fehldatiert. Und ich ahnte, spürte, wußte plötzlich: in jenen nebulösen Urzeiten muß auch meine Identität (oder sowas) angesiedelt gewesen sein. Die Hippie-culture war viel schöner als die Lederkluft, Gummilook, rosa Perücken und die ausrasierten Hinterköpfe der Love Parade. Getaucht dies alles in unglaubwürdig optimales Sommerwetter. Wood-stock, Isle of Wight, Fehmarn, sämtliche Open Air Festivals von damals, ehedem und einst, die unerreichbaren Aus-gangsmodelle, sanken zurück als begrenzte, verregnete Vorstüfchen und Generalpröbchen vor diesem neuerlich auflebenden Moloch Herzberg. Uff! Sogar Che-Gevara-Großposters hingen da rum. Und eigentlich ebenfalls aus-gestorbene Landkommunen reichten ihre Molkerei-produkte dar. Allenfalls hatte man statt Stirnbänder allerlei Glitzersteine im Pickelgesicht, piercing in Lippe, Nase, Nabel und drad locks, Rastazopfgefizzel. Da saß eine Schwangere mit freigelegter Mother Womb und ließ sich diesen ihren freigelegten Zentral-Ballon tätowieren...nein: bloß bemalen. Warteschlangen vor Feuerwehrtanks mit Trinkwasser. Viel-fach auch Freibad-Atmo und so. Manfred stellte unsere Sonnenschirme ca. 300 m vor einer der Hauptbühnen ent-fernt auf, in weiser Voraussicht höllisch aufgedrehter Dezi-bels. Links und rechts Jeans & Chaps, Buddhapüppchen, Indian food, Elsässer Flammkuchen, Space Cakes, Biedis, Kinder mit Wasserpistolen (Kriegsspielzeug!?!). Hauptsache, die Titten- und Arschdichte war wieder mal enorm. Mein Hormonspiegel schwappte über mein angejahrtes Gebein hinaus. Und in Spiegeln, die zwischen Seidenhemden und Didgeridoos aufblitzten, als Gegenprogramm: ein rotver-beultes Schwitzgesicht, über das ich bei Erstbegegnung beleidigt hinweggekotzt hätte, halt ich. Was aber keinen störte, sondern das jeder gern anlachte und duzte. What a great family, jippiejääh! Hier und da fanden sich zwölf schwitzende, beturbante Trommler zusammen und zwei Bauchtänzerinnen, plus Bambus-Saxophon, und dröhnten sich, abseits der Hauptbühnen, bei freigelegt wiegenden Hüften in sichtbarste Ekstase. Etliche liefen nackt, gehüllt in Haschwolken, die die Schilder einer Wasserpfeifenbude umnebelten:

„Hier gibt es keinen Stoff. Wir wissen auch nicht, wo es welchen gibt."

„Generäle sämtlicher Länder verpißt euch!"

„Don't walk on grass. Smoke it!"

In der knallgelben Herzbergzeitung „Seid bescheiden -- fordert das Unmögliche!" berichtete vorndrin Kalle Becker:

„Wir haben den ganzen Winter über in Gerichtssälen und Behörden verbracht, damit ihr in diesem Sommer wie in den vorausgegangenen 7 Jahren, Spaß habt, Musik hören und in der freien Natur bumsen könnt. Dieses Land ist in der Tat pervers geworden."

Blackmen liefen mit weißen Eskimohunden herum. Zwischendurch auch mal, mitten im 40°-peace, einige der vierhundert stiernackigen Security-Boys mit Schurschnitt in schwarzen Totenkopfhemden, aber alle ganz friedlich. Ich hörte und sah lebende Legenden, Iron Butterfly, jawoll: „In a Gaddadawida" -- live! Ich! Wahnsinn! Auch „Magma" spielte, von denen Doris allerdings meinte, das wäre nicht ihre Musik..während ich die eigentlich irre cool fand. Nur...waren die sechzig oder dreißig?

„Der Rock'n Roll der 60-er verabschiedet sich nunmehr langsam ins Altersheim, wie es der Lauf der Welt will, auch wenn es manche nicht wahrhaben wollen", stand in der Festival-Zeitung. 59jährige Gesichter sangen mit 23jährig weitersingenden Stimmen, mit Fönfrisuren wie am ersten Tag. Zeitlose Blendaxbezahnung inclusive. Sie schillerten anachronistisch zwischen Lifting-Messias und Gefrierbrand-Lazarus. Frisch aufgetaute Strawberrys forever. So zeitlos unangeknackst von Tod und Alter wie nur noch der immerblonde Heino oder Rex Gildo, oder Roberto Blanco. Wozu dann also Rücktrittsschwierigkeiten? John Kay & Steppenwolf sahn von fern noch genauso jung aus wie 1969, sogar bis ins Detail -- null graues Haar. Ich drängelte durch die bejahrten Stelldicheins in Richtung Bühne, und die Musiker blieben so jung wie aus 200 m Entfernung. Sie trugen seit 30 Jahren dieselben Namen, bei wechselnd sich verjüngenden Gesichtern, bei dezent abgetauschten Bandmitgliedern, dauerhaft born to be wild. Nur der eine von ihnen war noch der von damals.

Auch Eric Burton and the new animals spielten da, worauf ich besonders gespannt war; denn „Ring of fire" war doch bekanntlich jener Titel, bei welchem ich erstmals küßte, Tanzcafé Lückert, April 69, Christiane. Bei „Burn, burn, burn" and so on. Ou yes.

Immer wenn The Supremes, the Flowerkings, Ringsgwandl, Hank Shizzoe oder Taj Mahal pausierten, hatten die elektrisch unverstärkten Hare Krishna-Trommel-Crews ihre Stunde, lachend ihrem Gurugott preisend, mit fettem, heinzholbein-ähnlichen Schwabbelmönch als Vorsänger und Vorstampfer. Anblicke über Anblicke!

Abenteuerspielplatz. Über die mobilen Sanitärsysteme, Endlosketten aus hellblau steril stinkenden telefonzellenförmigen Klohäuschen mußte man halt irgendwie hinwegriechen, und über die verschissenen Waldränder, wo an jedem Baum ein Pisser pißte und ich jeden Busch streng ansah, ob nicht in ihm ein freigelegter Arsch sichtbar wer-

Der Rock'n Roll verabschiedet sich ins Altersheim

den wollte. Der größte Moment: Alle folgten der Parole: „Wir zeigen dem Kosovokrieg den Arsch!"

Und entblößten Punkt 18 Uhr 40000 Ärsche in Richtung Berlin. Auch Doris' Po wurde gen Berlin entblößt, und Manfreds Arsch -- und genau diesen Moment verpaßte ich grausamerweise, da ich mich mal ohne Uhr für zwei Stunden abgeseilt hatte, wegen Hitzschlag-Kopfweh und überlasteten Ohren ins entfernte Waldesdunkel eintauchte, jenseits der Pißlinie, auf die Burg Herzberg hinaufstieg, Himbeeren pflückte im kilometerweiten Gedröhn, tatsächlich einen pitschenackten Rücken im Busch sah, der die Ohren aufstellte und als Reh davonfloh.

The New Animals waren übrigens für 23 Uhr angesagt gewesen. Dann aber: Stromausfall, und wieder die Stunde für alle Handtrommler, die also sich sofort wieder ekstatisch hervortrommelnden Hare Krishna-Jünger unter der Stabführung von Heinz Holbein, oder? Die Eric-Burton-Fans wurden vertröstet: „Eric ist da, Eric wird auftreten, wir tun unser möglichstes, ein neuer Aggregator ist unterwegs, geht solange noch ʻne Runde bumsen."

Alle Stunde ʻne Vertröstungsdurchsage. Nachts um 3 hatten wir genug vom Warten auf Eric, suchten fröstelnd einen Ausgang, fanden irgendwie nicht raus aus Freak-City, marschierten rucksackbeladen, stolperten unterm Halbmond über ungeölt losquietschende Köter, buckelten und hinkten durch qualmendes, trommelndes, wühlendes Terrain, Endzeit-Szenarien, allwo man sich mit Restholz über H_2O zu halten versuchte, nach dem Day after, den halt doch noch 400000 Neandertalvisagen zeitweise überlebten. Ich habe also „Ring of Fire" nicht hören können. Von Eric Burton and the New Animals.

Der Autor:
Ulrich Holbein, geboren 1953, hat sich mit bisher fünfzehn viel beachteten Buchveröffentlichungen, zwölf Hörspielen, sowie über 699 Anthologie- und Zeitschriftenbeiträgen beim Publikum und der Kritik in den Ruf eines interessanten jüngeren Sprachkünstlers gesetzt.

Weitere Bücher aus der Reihe